Bernd Sommer

Der Weg ins Licht

15,30 €

ISBN 3-89478-088-6

EWERTVERLAG
26899 Rhede (Ems)
04964 1363 + 05961 6511
fax 04964 1831

Bernd Sommer

Der Weg ins Licht

EWERTVERLAG

Inhaltsverzeichnis

Leitfaden

Ein goldener Faden führt Dich in diesem Buch zum Ziel, wenn Du, lieber Leser, die geschriebene Wahrheit des höheren Selbst in Deinem Herzen aufnimmst.

Die Dokumentation meiner Arbeit in diesem Buch ist eine kritische Hinterfragung für die Lehren des Lebens. Angeregt durch zweifelnde Gedanken an die Echtheit der Lehren von Religion, Astrologie, Medizin und Gerechtigkeit, durch Unruhe getrieben, machte ich mich auf den Weg, die Wahrheit, das Licht, zu suchen, zu finden, um sie zu erleben und zu leben. Durch die Technik der Hypnose wurde es mir ermöglicht, das Feld der Unwahrheiten umzugraben, in dem die Wurzel der Wahrheit schlummerte.

Willst auch Du, lieber Leser, wissen, wie Gott die Erde erschaffen hat? Welche Sakramente er der Kirche gab? Durch welche Menschen Gott die Unwissenden belehrt? Wer Dir, liebes Erdenkind, auf dieser Welt die Sünden vergibt? Wieviel Gebote Gott Moses überreichte und worin der Sinn von Arm und Reich liegt? Welche Arznei bei Warzen, Neurodermitis und Asthma hilft? Dann folge mir nach im Streben um göttliche Erkenntnis und glaube dem, der Dich liebt, heilt und Gutes lehrt, von dem was war, was ist und was sein wird.

Dieser Weg, den ich beschritten habe um ihn Dir zu weisen, ist kein Muß und sollte auch nicht dogmatisch verstanden werden, aber er zeigt Dir eine Möglichkeit auf, Deinen Weg zu finden, um Deinem Leben einen Sinn zu schenken.

1. Was bedeutet Hypnose?

Hypnose kommt aus dem griechischen. Hypnos ist der Gott des Schlafes und Hypnose ein schlafähnlicher Zustand, eine Art Halbschlaf. In diesem Zustand ist es möglich, das Unterbewußtsein des Hypnotisierten zu erreichen.

Unser Unterbewußtsein ist für die vielen "unbewußten" Tätigkeiten unseres Körpers zuständig, wie z.B. Atmung, Herzschlag, Verdauung usw. Darüber hinaus ist es das Zentrum unserer Kreativität und unserer Erinnerungen. Es ist aber auch der Ursprung vieler Störungen und Probleme, die wir aktiv selten beheben oder lösen können.

Dies liegt begründet in der Frequenz unserer Hirnströme, die man mit einem Elektroenzephalographen (EEG) aufzeichnen kann. Im Wachzustand beträgt diese Frequenz ca. 14 bis 30 Hertz (Schwingungen in der Sekunde). Befindet man sich allerdings im Unterbewußtsein, so beträgt die Hirnstromfrequenz nur noch ca. 8 bis 13 Hertz. Um diesen Zustand zu erreichen, bedarf es absoluter Entspannung. Für viele von uns ist es jedoch nicht so einfach, vom täglichen Streß abzuschalten. Deshalb benötigen sie einen Hypnotiseur, der ihnen hilft, diesen Entspannungszustand zu erreichen und in diesem Zustand Informationen an das Unterbewußtsein des Hypnotisierten weiterzugeben.

Man kann sich das ganze auch als eine Radiostation vorstellen, die auf zwei verschiedenen Kanälen sendet und empfängt. Doch da man selbst die Radiostation ist, fällt es einem schwer, den Knopf zum wechseln des Senders zu betätigen. Dabei hilft der Hypnotiseur.

Doch auch das Unterbewußtsein ist ein Bewußtsein und keine Bewußtlosigkeit (0,5 bis 3 Hertz). Man kann einem Hypnotisierten also keine Informationen ins Unterbewußtsein geben, an die er sich nicht auch nach der Hypnose erinnern würde. Dies wäre nur in einem Zustand des stark herabgesetzten Bewußtseins (4 bis 7 Hertz) der Fall, den nur ganz wenige Menschen erreichen. Ein solcher Mensch ist ein Medium, über das man eine Verbindung zum höheren Bewußtsein (Gott) herstellen kann.

2. Warum Hypnose für viele immer noch ein Tabuthema ist

Die meisten Menschen kennen Hypnose nur aus den Medien, in denen Bilder von Personen in den seltsamsten Verrenkungen gezeigt werden, die angeblich von einem Hypnotiseur dazu gebracht worden sind, sich so zu benehmen. Dies ist nicht richtig. Aus meiner Praxis als Hypnotiseur und aus meinen Erfahrungen als Hypnotisierter weiß ich, daß man in der Hypnose keinen Menschen dazu bringen kann Dinge zu tun, die er absolut nicht machen will.

Während einer meiner Sitzungen mit einer jungen Patientin habe ich versucht, sie dazu zu bringen, ihre Arme zu heben. Alles, was ich ihr in dieser Sitzung gesagt habe, ist in ihrem Unterbewußtsein hängengeblieben und sie hat es befolgt, weil es ihrem Willen entsprach, aber die Arme hat sie nicht gehoben. Dies ist ein Zeichen dafür, daß man in der Hypnose nicht absolut willenlos ist.

Das bedeutet aber gleichzeitig auch, daß der Patient mit der Behandlung einverstanden sein muß. Hat der Patient kein Vertrauen zu seinem Hypnotiseur, so wird sich sein Unterbewußtsein gegen die Informationen vom Hypnotiseur sperren und es wird sehr lange dauern, bis diese Behandlung Erfolg zeigt.

Außerdem hat sich gezeigt, daß nur positive Informationen angenommen werden. Der Hypnotiseur muß sich vorher also ganz genau überlegen, was er und wie er etwas zu dem Hypnotisierten sagt. Das läßt sich an einem einfachen Beispiel erklären. Der Satz "Du hast keinen Hunger mehr." erzielt keine Wirkung, anders dagegen der Satz "Du verspürst ein Völlegefühl, du bist satt.", der vom Unterbewußtsein verarbeitet werden kann.

Am Beispiel von einigen Fällen aus meiner Praxis möchte ich zeigen, welche Probleme vom Unterbewußtsein ausgehen können, wie sie entstanden sind, welche Informationen ich dem Unterbewußtsein gegeben habe, um diese Probleme zu lösen und welche Erfolge damit zu verzeichnen waren. Danach können sie selbst entscheiden, ob es nicht besser ist, die Ursache von Problemen zu bekämpfen, als mit Pillen die Symptome. Dies soll natürlich nicht bedeuten, daß die Hypnose ein Allheilmittel ist, denn auch ihr sind Grenzen gesetzt. Doch gibt es viele Fälle, in denen durch Hypnose langjährige Behandlungen mit Medikamenten, die nicht nur helfen, sondern immer auch die Organe angreifen, unnötig wurden.

3. Beispiele erfolgreicher Hypnosetherapien

Der Fall Anke S.

Anke S. hatte Übergewicht. Sie hatte schon eine Menge Diäten ausprobiert, die aber alle nicht geholfen haben. Im Gegenteil, während der Diäten war Anke unausstehlich, weil sie ständig unter Hungergefühlen litt. Und nach den Diäten Vergangenheit begründet. Ankes Eltern waren geschieden. Sie fühlte sich verletzlich und um sich zu schützen legte sie sich unbewußt einen Panzer aus Fett zu. Nach einer Weile hatte sie dieses "dicke" Bild von sich so verinnerlicht, daß Diäten keinen Erfolg mehr haben konnten. Das Unterbewußtsein brachte ihren Körper immer wieder in die Form, die sie verinnerlicht hatte.

Bei der Hypnosebehandlung mußte ich also zwei "Programmierungen" ändern. Zum einen mußte ich ihr Selbstbewußtsein stärken und zum anderen ihr innerliches dickes Bild in ein schlankes Bild ändern. Also suggerierte ich ihr ein, daß sie stark ist und eine gute Beziehung zu sich und ihrer Umwelt hat und daß sie jung, schlank und schön ist, Süßigkeiten ihr ein Ekelgefühl verursachen und sie ab 18.00 Uhr ein Völlegefühl hat. Diese "Umprogrammierungen" haften nicht sofort im Unterbewußtsein. Das geschieht erst durch die ständige Wiederholung.

In den ersten Tagen und Wochen der Behandlung hatte Anke S. noch einige Probleme. So hatte z.B. ihr Unterbewußtsein die Sache mit den Süßigkeiten zwar verarbeitet aber das Völlegefühl stellte sich erst nach der dritten Sitzung ein. Anke nahm jetzt ab, ohne quälende Hungergefühle zu haben. Auch bei Festlichkeiten hatte Anke keine Probleme nein zu sagen, denn nachdem das Unterbewußtsein das "schlanke" Bild akzeptiert hatte, formte es auch den Körper danach. Ankes Selbstbewußtsein stieg von Tag zu Tag. Zum Ende der Behandlung hatte sie gelernt, daß sie in der Lage war, Probleme in den Griff zu bekommen, ohne sich dafür an Lebensmitteln stärken zu müssen. Sie konnte alles essen ohne wieder zuzunehmen, da ihr Unterbewußtsein dafür sorgte, daß sie nach einem "Festmahl" eine Zeitlang weniger Hunger hatte.

Für die meisten Übergewichtigen ist nicht die Diät das Problem, sondern das Gewichthalten nach der Diät. Sie sind nicht in der Lage, ein "schlankes" Bild von sich zu verinnerlichen. Hat das Unterbewußtsein aber immer noch das "dicke" Bild gespeichert, so wird der Körper dem wieder angepaßt. Die Hypnose hilft nicht nur, bei der Diät das Hungergefühl zu bekämpfen. Im Gegenteil, die Hauptaufgabe der Hypnose ist es in diesem Fall, das Gewichthalten ohne lebenslange Kasteiung möglich zu machen. Ein weiterer Vorteil der Gewichtsreduktion mittels Hypnose ist die absolute Gesundheitsunschädlichkeit im Gegensatz zu Appetitzüglern und einseitigen Diäten.

Der Fall Paul F.

Paul hatte ganz andere Probleme, als er zu mir kam. Er hat Rheuma im linken Kniegelenk. Zusätzlich dazu hat er eine Allergie gegen Paracetamol, ein Stoff, der in vielen Schmerzmitteln vorkommt. Auf Anraten seines Arztes stellte er seine Ernährung um und unterzog sich einer Rheumabehandlung. Seine Rheumawerte sanken, doch der Schmerz verschwand nicht ganz.

Bei Paul F. lagen also keine seelischen Probleme zugrunde. Trotzdem mußte doch auch ihm zu helfen sein. Ein gutes Mittel gegen Schmerz ist Wärme, vor allem bei Rheuma. Nun konnte Paul aber nicht die ganze Zeit mit einer Wärmflasche am Knie herumlaufen. Also suggerierte ich ihm die Wärme in sein Knie. Die Wärme erweiterte die Adern und ließ das Blut besser fließen. Auch bei Paul wirkte die Suggestion erst nach und nach. Aber nach 3 Sitzungen war er wieder schmerzfrei.

Diese Art der Schmerzbekämpfung wird heute immer mehr propagiert. Sogar Schulmediziner, insbesondere Zahnärzte, nutzen diese Methode der Schmerzbekämpfung durch Hypnose, um Unmengen von Narkotika zu sparen oder Patienten zu helfen, die Allergien gegen Schmerzmittel haben oder durch Angst vor Spritzen eine Blockade haben.

4. Was ist möglich und was ist nicht möglich in Hypnose?

Grundsätzlich lassen sich psychisch bedingte Krankheiten leichter unter Hypnose behandeln, als rein physisch bedingte. Doch bei einer Umfrage unter deutschen Ärzten hat sich herausgestellt, daß der Großteil (80 Prozent) der behandelten Krankheiten tiefere seelische Probleme zur Ursache hatten. Der Arzt kann dies in den seltensten Fällen behandeln. Also beschränkt er sich auf eine Behandlung der Symptome.

Aber auch der Hypnose sind Grenzen gesetzt. Krankheiten wie Aids oder Krebs steht auch ein Hypnotiseur hilflos gegenüber. Die Grenzen sind also Krankheiten, die durch eine Veränderung der Organe hervorgerufen werden. Dies kann man nicht mehr über das Unterbewußtsein steuern. Hier kann der Hypnotiseur nur noch helfen, mit den Folgen besser klar zu kommen, indem er dem Patienten beibringt, mit der Krankheit zu leben.

Auch der Patient selber setzt dem Hypnotiseur Grenzen. Dort, wo sein Unterbewußtsein sich weigert, Suggestionen anzunehmen, kommt der Hypnotiseur nicht weiter. Dies geschieht allerdings im Normalfall nicht, denn der Patient will ja, daß ihm geholfen wird und ist mit der Suggestion einverstanden.

5. Gedanken zum Morgen

"Ich bin das Licht und die Wahrheit und das Leben", spricht Jesus. "Ich bin du und du bist ich und alles bist du, sind wir."

Ich wurde als Kind eines Stahlarbeiters, der sein Brot am Hochofen verdienen mußte, geboren und wuchs mit 5 Geschwistern auf. Ich lernte früh, für das tägliche Brot zu beten. Ich lernte zu beten, um anderen Menschen eine Hilfe sein zu dürfen. Ich wurde christlich erzogen und bin während meines gesamten Lebens ein religiöser Mensch gewesen.

Mein beruflicher Werdegang ging vom Laboranten zum Rettungssanitäter der Bundeswehr, Heilpraktiker und Hypnotherapeut. Dann wandte ich mich eines Tages dem metaphysischem Heilen zu. Das Erwachen meines Unterbewußtseins bekam ich eines Nachts. Von Herzsensationen gepeinigt, erlebte ich das körperliche Sterben, den Verfall des Körpers und die Geburtsstunde meines Unterbewußtseins. Ich bekam eine Vision von ihm, dem höheren Bewußtsein. Die Offenbarung: Ewigkeit, zeitlose Unendlichkeit, Zeit ist Leben, Leben ist Schwingung, Schwingung ist Liebe, Liebe ist Geborgenheit, Gott ist Liebe. Nach dieser wunderbaren Vision versprach ich dem Herrn, Gott, mein Leben ihm zu weihen. Und ich begann, die göttliche Wahrheit zu suchen.

Hoch oben auf einem Berg sah ich eine Feste, die Friedensburg, die Quelle meiner Kraft. Je mehr Anstrengung ich unternahm, um diese Friedensburg, die Quelle meiner Kraft, Gott, zu erreichen, desto weiter entfernte ich mich. In einer Botschaft bekam ich einen Hinweis: "Gehe rückwärts und je langsamer du gehst, desto schneller bist du am Ziel." In einer Meditationssitzung bekam ich über eine Vision den Auftrag, eine Brücke zu bauen von dieser irdischen Welt ins Jenseits, der geistigen Welt. Diesen Auftrag habe ich mit einem Medium geschafft. Ich mußte zurückgehen, zurück in die Einsamkeit, ins Unterbewußtsein, das Unterbewußtsein durchschreiten, um mit dem höheren Selbst, Gott, die Feste, die Friedensburg, Kontakt aufnehmen zu können. Ich bekam von ihm die Klärung zu meiner eigenen Person. Ich bekam von ihm einen Namen der lautete der Heilende. Und ich bekam von ihm den Auftrag, über meine Tätigkeit in diesem Buch zu berichten und diese Tätigkeit zu dokumentieren. Eine hoch spirituelle Eingebung, die ich bei einer Meditationssitzung erfahren durfte, war eine Erfahrung des Lichtes. Um das Licht zu erfahren, müssen wir durch das Leben gehen. Wir müssen uns so klein machen, das wir durch das kleinste Erythrozyt hindurch passen und wir müssen uns anschließend noch einmal fallenlassen und können so zur Quelle der Wahrheit, zum Licht, hinabsteigen, wo wir anschließend mit dem Licht zu einem Ganzen verschmelzen.

Viel Hilfe bekam ich auch über das Buch "Positive Gedanken" von Dr. Murphy. Der wichtigste Satz für ein erfülltes, freudiges Leben war: "Heute ist ein schöner Tag." Weitere Sätze zum glücklichen Leben sind: "Halte dein Herz frei von Haß und deinen Geist frei von Angst und Sorge. Lebe einfach, erwarte wenig und gib viel. Erfülle dein Leben mit Liebe, verbreite Fröhlichkeit, vergiß dich selber, denke an andere und sei so, wie du es von anderen wünschst."

In einer weiteren Vision sehe ich das Jang-Jing-Zeichen und bekomme die Worte: "Bringe Licht in die Dunkelheit, verdränge die Lüge durch die Wahrheit, bringe Frieden in den Krieg und tausche Unrecht gegen Gerechtigkeit." Durch die Kommunikation mit unserem Gott, dem höheren Bewußtsein, bekam ich den Auftrag, mit meiner ganzen Kraft Menschen zu helfen. Die Harmonie von Geist, Seele und Leib in den Menschen wieder herzustellen. Ihm, dem Hilfesuchenden, göttliche Energie zu schenken. Ruhe, Frieden, Harmonie und Liebe ihnen schenken. Und ich muß dieser Ordnung folgen, wie ein Adler, der das tiefste Blau des Himmels aufsucht. Ich werde meine ganze Liebe und Kraft dafür einsetzen. Die Kraft, die Samen entstehen und den Baum heranwachsen läßt, die dich zur Geburt bringt und dir Bewußtsein verleiht, diese Kraft inspirierte mich eines Tages über spirituelle Träume, erhellende Meditation und Tiefenhypnose, euch den Weg ins Licht zu weisen. Das Loslassen, Freisein von dem Verlangen nach mehr, innerlich einfach zu sein, ist die erste Voraussetzung zum Gotterfahren, denn was auch immer wir vor Gott setzen, wir verlieren es und Gott dazu. Der ideale Mensch ist verkörperte Liebe. Er ist bereit, mit aller Kraft zu lieben, Gott und die Menschen. Er war ein Suchender, der seinen Weg zu ihm gefunden hat. Er dient allen mit Freude und wird niemanden ausnutzen oder betrügen. Er ist ein Botschafter der Wahrheit. Er hält durch Meditation und Gebet die innere Verbindung zu Gott aufrecht. Er lebt vor, was er predigt. Bei ihm erfahrt ihr Ruhe, Frieden, Erquickung für eure Seele, Stärkung für euren Glauben und Hilfe und Heil für euren physischen Körper. Ideale Menschen sind einfache Menschen.

Ein Gedicht von Eugene Versen:
Weise der Mensch, der in sich den göttlichen Funken der Intuition weckt und bildet. Er wird ein sechszackiger Stern sein. Ein Stern der Weisheit. Und er bringt den Morgen eines neuen Tages, der ein Tag des Friedens sein wird, der Harmonie und der Kraft.

Ein Gedicht von Narie:
Betrachte dein Leben im Spiegel deiner Taten. Sie lehren dich, was du wissen mußt.

Grundsätze der Raiki-Kraft:
Gerade heute will ich dankbar sein. Gerade heute will ich mich nicht sorgen. Gerade heute will ich nicht zürnen. Gerade heute will ich redlich arbeiten. Gerade heute will ich alle Wesen lieben und achten. Höre was die Liebe, die Kraft, die Quelle, das höhere Bewußtsein, Gott, uns als Menschen zu sagen hat.

6. Die Kommunikation mit dem höheren Bewußtsein

Während meiner Praxistätigkeit lernte ich eine Patientin kennen, die in der Lage war, in der Hypnose in den Zustand des stark herabgesetzten Bewußtseins zu kommen. Wie schon vorher erwähnt, kommt so etwas nur selten vor. Andere Hypnotiseure haben diese Fähigkeit ihres Mediums benutzt, um es in seine Vergangenheit zu führen und zu beweisen, daß der Mensch (oder besser die Seele) nicht nur einmal lebt. Ich wollte beweisen, daß es ein höheres Bewußtsein gibt, daß unseren Weg bestimmt.

Zu den Vorbereitungen für die Hypnosesitzung gehörte das Zusammenstellen eines Fragenkataloges. Dies war eine schwere Aufgabe, denn womit soll man beweisen, daß es sich wirklich um die Antwort des höheren Bewußtseins handelt und nicht um Phantasien des Mediums. Ich habe mir also schriftlich Aufzeichnungen gemacht, was ich fragen wollte. Diese Aufzeichnungen hat mein Medium natürlich nicht gesehen. Während der Hypnosesitzungen lief immer ein Tonband mit. Nach der Hypnosesitzung konnte sich mein Medium an nichts aus dieser Sitzung erinnern, was ein Merkmal für diese Tiefe der Hypnose ist.

Die Fragen und Antworten aus diesen Sitzungen möchte ich in ungekürzter geordneter Form hier wiedergeben. Dabei steht die Abkürzung H für Hypnotiseur und M für Medium. Das Medium stellt meine Fragen dem höheren Bewußtsein und antwortet dann immer mit: "Er sagt, ...". Um den Umfang der Aufzeichnungen nicht unnötig zu vergrößern, lasse ich dieses wegfallen.

1. Sitzung

Wir haben heute den 20.01.1993, Medium Anna befindet sich in Tiefenhypnose und kommuniziert mit dem höheren Bewußtsein. Sie gibt meine Fragen an das höhere Bewußtsein weiter und das höhere Bewußtsein antwortet mir über Anna.

H: Was war ich in der Vergangenheit?
M: Du hast mit Holz gearbeitet.
H: Was habe ich aus diesem Holz gemacht?
M: Schränke und Stühle.
H: Von wem habe ich die Heilkunst erlernt?
M: Du hast das Wissen von ihm.
H: Was bin ich? Welchen Beruf habe ich jetzt?
M: Du bist ein Heilender. Deine Aufgabe ist es zu heilen.

Gebet des Franz von Assisi

O Herr, mach mich zum Werkzeug deines Friedens,
daß ich liebe, da wo man haßt,
daß ich verzeihe, da wo man sich beleidigt,
daß ich verbinde, da wo Streit ist,
daß ich Hoffnung wecke, da wo Verzweiflung quält,
daß ich Licht anzünde, da wo Finsternis regiert,
daß ich Freude bringe, wo der Kummer wohnt.

Ach Herr, laß du mich trachten,
nicht, daß ich getröstet werde, sondern daß ich tröste,
nicht, daß ich verstanden werde, sondern daß ich verstehe,
nicht, daß ich geliebt werde, sondern daß ich liebe.

Denn wer da hingibt, der empfängt,
wer sich selbst vergißt, der findet,
wer verzeiht, dem wird verziehen,
und wer da stirbt, der erwacht zu ewigem Leben.

Erhard F. Freitag schreibt in seinem Buch "Hilfe aus dem Unbewußten" über den Sinn des Leidens:

Leiden übt auf den Leidenden Druck aus, und dieser Druck zwingt ihn, je nach Sensibilität, zum Reagieren. Reagieren ist auf jeden Fall ein Tun, aus dem Erkenntnis wächst. Um dieser Erkenntnis willen, hat man selbst die Ursache für das Geschehen (Leiden, Probleme) gesetzt.

Leiden, wie es als ein uns unverständliches Geschehen entsteht, hat eine wichtige Funktion auf dieser Stufe unserer Evolution. Es heißt: **Der Durst führt zum Wasser, wie das Leiden zur Seligkeit.** Wer demnach freiwillig die bestbezahlte Arbeit der Welt tut - die Arbeit an sich selbst -, bedarf nicht mehr des Druckes, ausgeübt durch Leiden.

Schließ Frieden mit dir, den Menschen und Gott. Frieden ist die Furcht einer in sich ruhenden Seele aus der die Selbsterkenntnis wächst. Selbsterkenntnis ist die Folge des Wissens um das eigene Selbst. Wissen um das eigene Selbst ist die erste Stufe auf dem Wege zum Selbst-Bewußtsein. Auf der Suche nach Gott bin ich mir selbst begegnet. Auf der Suche nach mir bin ich Gott begegnet. Wer Wissen um die Struktur des Selbst gewinnt, vertraut gleichermaßen seinem Wissen. Selbstvertrauen ist die Basis für Glauben. Wer glaubt, zeigt auf, daß er vertraut - wer vertraut, sagt damit aus, daß er sich geistig dem Urgrund allen Seins nähert, gleichzeitig selbst durch seine Erkenntnis zum Hintergrund von allem Geschaffenen, zu Geist wird.

Dieses Vertrauen jedoch ist der Hintergrund für das "**An sich glauben können**", und das ist, wie es in allen Bibeln der Welt heißt, die größte Macht im Universum.

Frieden ist eine Fußspur Gottes. Folgen wir ihr, so wird Liebe, Harmonie und Gott in uns verwirklicht.

2. Sitzung

Wir haben heute den 25.01.1993. Anna ist zum zweiten Mal in Tiefenhypnose und kommuniziert mit dem höheren Bewußtsein. Therapeut Bernd spricht und fragt über Medium Anna mit dem höheren Bewußtsein.

H: Anna, du schaust in die Augen des alten Mannes. Welche Farbe haben sie?

M: Sie sind kristallklar wie ein Bergsee.

H: Anna, bist du bereit, für mich an den alten Mann Fragen zu stellen und die Antworten mir zu sagen?

M: Ja.

H: Frag den alten Mann, ob das Ziel in unserem Leben bereits vorbestimmt ist.
M: Es ist vorbestimmt.
H: Gibt es ein Leben nach dem Tod? Werden wir wiederkommen?
M: Es gibt keinen Tod. Es gibt nur den Verfall des Körpers.
H: Werden wir einen neuen bekommen in dieser alten Welt?
M: Man bekommt immer einen neuen Körper.
H: Welche Religion verkündet die wahre Lehre und wer vergibt uns die Sünden auf dieser Erde?
M: Keine Religion gibt seine Lehre wirklich wieder und nur er kann Sünden vergeben.
H: Welchen Beruf hatte ich in meinem früheren Leben?
M: Du hast mit Holz gearbeitet. Es war ein wichtiger Punkt in deinem Leben, denn du hast erfahren, daß er in allem ist.
H: Welchen Beruf habe ich jetzt und welchen werde ich in Zukunft haben?
M: Du bist ein Heilender und wirst ein Sehender.
H: Wie wird mein Therapiezentrum aussehen und wer wird mit mir arbeiten?
M: Es wird ein großes flaches Gebäude sein und es arbeiten noch zwei Frauen mit dir. Es wird eine harmonische Zusammenarbeit sein.
H: Wie heißen diese Frauen?
M: Die eine heißt Claudia, aber du kennst sie noch nicht.
H: Wo befindet sich mein Therapiezentrum?
M: Es ist hier ganz in der Nähe. Es ist ein Gebäude, ein großes flaches Gebäude.
H: Wann werde ich dieses Gebäude sehen?
M: Zu Beginn des nächsten Jahres wirst du es entdecken.
H: Werde ich es wissen, daß es dieses Gebäude ist?
M: Du wirst es wissen.
H: Wann werde ich bei meiner Firma aufhören zu arbeiten?
M: Es wird nicht mehr lange dauern, aber du mußt all deine Kraft einsetzen.
H: Bin ich in deinen Augen würdig?
M: Er nickt.
H: Welchen Rat gibst du mir heute?
M: Du mußt dich mehr konzentrieren und du sollst es

dokumentieren was du tust, damit auch andere erfahren, was du tust.

H: Wer könnte mir hierbei eine Hilfe sein? Wirst du mir eine Hilfe schicken?

M: Die Hilfe ist schon da.

H: Wird er mir seine Engel zur Verfügung stellen?

M: Er hat sie dir schon zur Verfügung gestellt.

Der Frieden (Gedicht von Eva Rechlin)

Die Angst vor Streit und Haß und Krieg
läßt viele oft nicht ruhn.
Doch wenn man Frieden haben will,
muß man ihn selber tun.

Der Frieden wächst, wie Rosen blühn,
so bunt, so schön und still.
Er fängt bei uns Zuhause an,
bei jedem der ihn will.

Vom Frieden reden hilft nicht viel,
auch nicht daß man marschiert.
Er kommt wie Lachen, Dank und Traum,
schon wenn man ihn probiert.

Man braucht zum Frieden Liebe,
natürlich auch Verstand,
und wo es was zu heilen gibt:
jede Hand.

3. Sitzung

Wir beginnen heute mit der 3. Tiefenhypnose. Erneut Medium Anna, Therapeut Bernd.

H: Frage den alten Mann nach seinem Namen.

M: Er hat keinen Namen.

H: Wie soll ich ihn nennen?

M: Jeder Name meint ihn.

H: Welchen Namen hat er mir gegeben?

M: Der Heilende.

H: Was muß ich zu dieser Zeit am dringendsten wissen?
M: Du mußt wissen, daß alles seinen Lauf nehmen wird.
H: Welche Bedeutung hat die Friedensburg heute und in Zukunft für mich?
M: Sie wird eine Quelle deiner Kraft sein.
H: Werde ich in dieser Burg eines Tages therapieren?
M: Dies ist nicht deine Bestimmung.
H: Welche Bedeutung hat die Schutzhütte St. Bernhard für mich?
M: Du wirst dort Kraft für deine Arbeit finden.
H: Werde ich noch öfter an diesen Ort reisen, um neue Kräfte für meine Arbeit zu erhalten?
M: Du wirst noch öfters zu diesem Ort reisen.
H: Hatte dieser Ort in der Vergangenheit eine Bedeutung für mich?
M: Er wird erst in Zukunft eine Bedeutung haben.
H: Kann ich von der Tätigkeit als "Heiler" wirtschaftlich existieren?
M: Es wird noch eine Weile dauern.
H: Wie lange wird es dauern?
M: Nicht sehr lange.
H: Welchen Namen soll ich dem Therapiezentrum geben?
M: Du sollst dem Therapiezentrum den Namen "Die Quelle" geben, für die Kraft, die man daraus schöpfen kann.
H: Über welche Themen soll ich in der Dokumentation berichten?
M: Du sollst erst über Hypnose reden. Die Leute müssen erst vertrauen zu dir fassen, bevor sie dir wirklich zuhören würden. Später dann sollst du über ihn berichten.
H: Wirst du die Gedanken von Anna inspirieren, damit sie eine Hilfe sein kann?
M: Ja, ich werde sie inspirieren.
H: Wann soll die Dokumentation veröffentlicht werden?
M: Die erste Dokumentation soll schon bald veröffentlicht werden. Es soll ein Buch werden.
H: Wie soll ich dieses Buch unter die Menschen bringen? Wer kann mir hierbei eine Hilfe sein?
M: Das Buch wird in einem Verlag erscheinen.
H: Wie werde ich mit dem Verleger Kontakt aufnehmen?
M: Sie wird es tun.
H: Wer ist sie? Wie erkenne ich sie?

M: Du kennst sie schon.
H: Kannst du mir ihren Namen sagen?
M: Ich nenne sie "die Fühlende".
H: Wird meine Seele die ewige Herrlichkeit sehen? Werde ich in die ewige Herrlichkeit einkehren dürfen?
M: Deine Seele war schon in der ewigen Herrlichkeit. Sie kehren alle immer wieder zurück.
H: Bin ich vor deinem Thron würdig und vergibst du mir die Sünden?
M: Du bist würdig und er vergibt dir deine Sünden, aber er hat keinen Thron.
H: Wie lange werde ich noch in diesen Räumlichkeiten praktizieren und wann werde ich das Therapiezentrum eröffnen?
M: Du wirst bis Ende nächsten Jahres hier praktizieren und dann das Therapiezentrum eröffnen.
H: Frage ihn nach einem Namen für die Kraft, die durch meine Hände fließt.
M: Es ist Energie, die du weitergibst. Du gibst nur Energie ab und erhältst nur Energie von ihm.
H: Wird sich die Kraft, die Energie, welche durch meine Hände fließt noch verstärken?
M: Sie wird sich noch verstärken.
H: Welches Mittel hilft gegen die Ängste dieser Welt?
M: Nur uneingeschränkte Liebe.
H: Welches Mittel hilft und wirkt bei Krebs?
M: Es gibt kein Mittel gegen Krebs. Er hat den Krebs gegeben um zu zeigen, daß der Körper ein Ende hat.
H: Warum müssen Säuglinge und kleine Kinder sterben?
M: Weil ihre Seelen woanders nötiger gebraucht werden, weil sie eine Aufgabe zu erfüllen haben.
H: Frage ihn, ob die Erde vergehen wird, wann wird es sein.
M: Die Erde wird nicht vergehen, aber die Schar der Menschen, die sie bewohnen, wird weniger.
H: Gibt es ein Mittel gegen Aids?
M: Es wird ein Mittel gefunden werden, schon in naher Zukunft.
H: Wie schütze ich den Körper vor Umweltschäden, wie verseuchtes Wasser, giftige Nahrung, Strahlenverseuchung?

M: Der Körper wird durch die Umweltbelastung wachsen und widerstandsfähig werden, denn es wird noch schlimmer werden.

H: Sollen wir auf Fleisch in der Nahrung verzichten, dürfen wir Fleisch essen?

M: Fleisch gehört zur Nahrung, aber in Maßen.

H: Hilft das Gebet vor der Einnahme von Speisen, um die Speisen von den Giften zu neutralisieren und sie für den Körper bekömmlicher zu machen?

M: Ein Gebet hilft immer.

H: Welchen Sinn hat die Ehe, ist die Ehe von ihm gemacht und gewollt?

M: Die Ehe ist von ihm gewollt. Sie sichert den Fortbestand der Menschheit und es soll Liebe dort herrschen und die Liebe soll weitergegeben werden. Die Ehe ist ein Anfang.

H: Darf ein Mensch aus einer Ehegemeinschaft noch einen weiteren Partner haben?

M: Solange wie man seinen Partner nicht verletzt.

Lieben lernen!

Ein Aufruf zur Menschlichkeit. Lernen und Lieben als Gebot und Aufgabe für die Kinder dieser Welt. Dafür sind wir hier. Durch die Natur des Menschen, des Tieres, der Pflanze, des Baumes, der Erde, des Wassers, offenbart sich der Geist des lebendigen Gottes, um sich uns zu zeigen.

In der Stille unseres Unterbewußtseins dürfen wir die Liebe des Lebendigen über unsere Träume wahrnehmen. Wenn wir unsere Augen schließen um das Bewußtsein für unseren Gott zu öffnen. Wenn wir unseren Willen seinem Wollen unterstellen. Wenn wir die Hektik, die Sorgen des Alltags draußen lassen, dann werden wir unter Verzicht des eigenen Egos, dem "ich will", die Liebe Gottes erfahren. Über Licht, Worte, Symbole und Wegweisungen schenkt er uns seine Führung auf dem Weg ins Licht, welcher durch Ruhe, Freude und tiefstem innerlichen Frieden gekennzeichnet ist.

Damit wir eine glückliche Beziehung zu allem Lebendigem aufbauen können, benötigen wir als unerläßliche Voraussetzung eine gewisse Selbständigkeit. Wir müssen uns frei machen von den Zwängen der Zeit, der Ruhelosigkeit, dem Streben nach Macht und Geltung. Frei sein von allen selbstischen Wünschen. Wir müssen wieder lernen Liebe fließen zu lassen, Liebe mit allem Lebendigen auszutauschen, um zu erfahren, daß man das Lebendige bedarf um selber ganz zu sein.

Wir benötigen den lebendigen Gott in einer Natur von heilem Wasser, von gesunden Bäumen, von kräftigen Pflanzen, von glücklichen Tieren und liebenden Menschen. Die, welche gegen die Natur arbeiten, verstoßen gegen das Liebesgebot des Allmächtigen.

4. Sitzung

Wir haben heute den 08.02.1993. Medium Anna befindet sich in Tiefenhypnose und ich befrage sie erneut.

H: Frage den alten Mann, ob er bereit ist, durch dich meine Frage zu beantworten.
M: Er wird dir antworten, aber nicht immer.
H: Du sagst, die Friedensburg ist eine Quelle meiner Kraft. Was meinst du mit dieser Aussage?
M: Dort wirst du mir am nächsten sein.
H: Wann werde ich die Friedensburg wiedersehen?
M: Es dauert nicht mehr lange, denn du sehnst dich danach.
H: Wie kann ich mich in meiner Praxistätigkeit als Heiler verbessern?
M: Du mußt mehr auf die Persönlichkeit der Suchenden eingehen.
H: Wieviel Sakramente hast du dem Menschen gegeben und wie heißen sie?
M: Er antwortet nicht.
H: War ich in meinem früheren Leben ein Mönch, der mit Holz arbeitete?
M: Du warst kein Mönch.
H: Welche Bedeutung hat der Traum vom 08.02.1993 für mich?

(Es ist eine kalte Jahreszeit. Jemand hat meine Bäume im Garten an den Wurzeln abgeschnitten und wie Pfähle wieder in die Erde gesteckt, um die Tat zu vertuschen. Ich bin traurig über den Verlust.)

M: Du hast Angst, die Verbindung zu mir zu verlieren.
H: Werde ich jemals die Verbindung zu dir verlieren?

M: Nein, sie wird immer bestehen.

H: Der Traum vom 19.11.1992 hat welche Bedeutung für die Menschen und mich?

(Die Symbole im Traum sind zwei weibliche Gestalten, ein neugeborenes Kind, gebettet in einem sakralen Gefäß und getragen durch meinen rechten Arm. Zweimal versuche ich, die Last auf einem morschen Baumstamm abzusetzen. Doch der morsche Baumstamm gibt dem Gefäß mit dem Kind keinen Halt. Erneut ist meine ganze Kraft gefordert. In diesem Augenblick entschlüpft dem morschen Baumstamm eine kleine grüne gutartige Schlange, die ihren Kopf über das Kind neigt.)

M: Es ist eine Ahnung dessen, was noch passieren wird. Du wirst es noch erfahren.

H: Ist Jesus Christus sein Sohn und wurde er im Fleische geboren um uns Menschen die Sünden zu vergeben?

M: Jesus war eine Seele, die er auf die Erde geschickt hat, damit die Menschen sehen lernen.

H: Frage ihn, wo er Zuhause ist, wo er wohnt.

M: Er ist überall und in allem.

H: Was müssen wir lernen um spirituell zu wachsen?

M: Wir müssen lernen in Geduld zu warten, denn nur wer warten kann wird finden.

H: Was wird geschehen in den Tagen, da die Schar der Menschheit weniger wird? Welche Zeichen setzt er vorher und leben wir bereits in dieser Zeit?

M: Die Zeit hat bereits begonnen. Es werden Seuchen und Kriege kommen.

H: Wer wird in dieser Zeit bewahrt bleiben?

M: Es werden die bewahrt bleiben, die er dafür ausersehen hat.

H: Zu welchem Ort führt er sie hin um sie zu bewahren?

M: Es gibt keinen speziellen Ort. Die Auserwählten werden überall sicher sein.

H: Im neuen Testament, Johannes Offenbarung, steht über das Knäblein und das Sonnenweib. Welche Bedeutung hat das Knäblein und das Sonnenweib für uns, was soll es uns sagen?

M: Es ist eine Geschichte, die seine Macht und seine Liebe verdeutlichen soll, dem, der sie erkennen kann. Er sagt, wir müssen lernen, die Geschichte mit unserem Herzen zu lesen, dann werden wir wissen, was sie bedeutet.

H: Gibt es Menschen, denen er nicht die Sünden vergibt?

M: Er vergibt denen nicht, die auf der Seite des Bösen stehen.

H: Was passiert mit ihren Seelen?

M: Die Seelen sterben qualvoll mit den Körpern.

H: Wie können wir unseren Weg lenken, wenn doch alles Bestimmung ist?

M: Eine Seele kann wachsen. Wie schnell sie lernt, hängt nicht von ihm ab.

H: Welchen Sinn hat unser Leben?

M: Die Liebe ist der Sinn.

H: Wird am Ende Frieden sein und wer darf ihn erleben?

M: Die Auserkorenen werden in Frieden leben.

H: Wer hat Auftrag auf Erden in deinem Namen den Menschen die Sünden zu vergeben?

M: Nur er weiß, was Sünde ist und nur er kann sie vergeben.

H: Welche Religion verkündet die wahre Lehre und wer vergibt uns auf Erden?

M: Keine Religion gibt seine Lehre wirklich wieder und nur er kann Sünden vergeben.

H: Hat er durch den heiligen Geist in der damaligen Zeit den Aposteln nicht Auftrag gegeben, in seinem Namen Sünden zu vergeben?

M: Nein, man muß ihn bitten und nur ihn.

H: Ist die Bibel ein Buch der Wahrheit?

M: Nicht alles ist Wahrheit, aber wenn man mit dem Herzen lesen kann, wird man wissen, was wahr ist.

H: Wie und wodurch erfahren heilsuchende Menschen deinen Willen?

M: Sie erfahren meinen Willen durch die Heilenden.

H: Was müssen wir tun, um dein Wohlgefallen auf uns zu ziehen?

M: Man muß bereit sein, mit aller Kraft zu lieben, ihn und die Menschen.

H: Was habe ich besonderes getan, daß er mich zu seinen Auserwählten zählt?

M: Du hast deinen Weg zu ihm gefunden.

H: Wer ist würdig, seine Energie zu empfangen?

M: Alle sind würdig.

H: Welchen Lohn soll ein Hilfesuchender für seine Heilung geben?

M: Es darf ein Zehntel des Monatslohnes nicht überschreiten.

Liebe deinen Nächsten

Liebe deinen Nächsten ist nicht nur auf Gott im Menschen beschränkt. Gott der Lebendige, die Allmacht des Allmächtigen, wohnt in allem. Wer dem Kreislauf der Natur weh tut, ihm Schaden zufügt, sündigt vor dem Allerhöchsten und ist, wenn er nicht umkehrt, wiedergutmacht, mit Reue um Vergebung bittet, für immer verloren. Denn es ist uns gesagt: **Die Natur braucht uns nicht, aber wir brauchen die Natur.**

Laßt uns gemeinsam als freie Erben, als Gottes Kinder, über diese wunderbare Erde des Allmächtigen in Harmonie und Frieden mit der Natur gehen und nicht als Sklave des Bösen, der Macht des Mammons sein. Denn wir können nur einem Herren dienen. Laßt uns gemeinsam im Lichte der Wahrheit die Mächte des Bösen erkennen, um nicht später seine Früchte essen zu müssen, die da heißen: Angst, Kälte, Leid, Haß, Neid usw.. Wir könnten diese Kette noch weiter stricken und sie uns anschließend um den eigenen Hals legen. Denn Leben ist dann nicht mehr möglich.

Kommt, laßt uns gegenseitig die Hände reichen. Laßt uns den Suchenden begleiten, ein Stück auf dem Weg nach Hause gemeinsam gehen. In den Stunden, wo es dunkel wird und wo du Angst hast, geben wir dir das Gefühl, daß du nicht allein bist. Nicht, weil wir es besser für dich wüßten, sondern weil wir mit vier Augen besser sehen als du allein mit angstverwirrten zwei Augen. Laßt uns gemeinsam die Wahrheit durch Vertrauen finden, um Gott nahe zu sein. Doch solange wir uns mit Herr und Titeln anreden lassen und uns durch Besserwissen einer vor den anderen hinstellen, verbauen wir den Weg zu Gott - und damit den Zugang zum Herzen der Menschen.

Gemeinsam können wir die Erde heilen für die neue Zeit, deren Beginn eingeläutet wird, indem wir als Lichtquelle in der Dunkelheit leuchten. Dieses setzt Erkenntnis und Bewußtsein voraus. Licht ist Bewußtsein, ist Erkenntnis, welches wir aus dem Verschmelzungsprozeß von Glauben und Wissen erfahren.

Laßt uns alle Beten, daß er, der Allmächtige, den Seelen der Menschen die Fähigkeit schenkt, ihn zu erkennen und über allen zu lieben mit ganzem Herzen.

5. Sitzung

Wir haben heute den 15.02.1993. Medium Anna befindet sich in Tiefenhypnose und stellt den Kontakt mit dem höheren Bewußtsein, mit Gott her. Sie wird gefragt, ob sie bereit ist, für mich Antworten von ihm entgegenzunehmen und sie bejaht es und das höhere Bewußtsein wird gefragt, ob es mir die Antworten über Anna geben möchte, ob es bereit ist. Es sagt ja, aber es würde nicht alle Fragen beantworten.

H: Bist du mit meinem Lebenswandel einverstanden?
M: So wird es nicht immer bleiben. Es werden sich Veränderungen in deinem Leben ergeben.
H: Sind die Veränderungen von dir gewollt und dienen sie dazu, daß höhere Ziel zu erreichen?
M: Er nickt.
H: Muß ich Ereignisse in meinem Leben willentlich herbeiführen oder nimmt das Geschehen auch ohne mein bewußtes Einlenken seinen Lauf?
M: Es wird Ereignisse geben, die deinen eigenen Willen erfordern.
H: Wirst du mir bei meinen Entscheidungen helfen?
M: Er wird dich führen.
H: Wird das Therapiezentrum eine Art Tempel werden?
M: Dem Hilfesuchenden wird geholfen und es wird kein Tempel.
H: Haben wir in der ewigen Herrlichkeit Namen, Gefühle, Existenzbewußtsein?
M: Jeder hat seinen Namen, seine Gefühle, sein Bewußtsein, immer.
H: Werden wir Bekannte, Verwandte, Eltern und Kinder in der Ewigkeit wiedersehen?
M: Wir sind alle miteinander verwandt und werden uns immer wieder begegnen.
H: Können wir als Menschen mit den Seelen der Ewigkeit Kontakt aufnehmen und was müssen wir hierzu tun?

M: Die Seelen haben einen neuen Platz gefunden und man kann keinen Kontakt zu ihnen aufnehmen, wenn sie in einem neuen Körper stecken.

H: Du sagst, du verkündest deinen Willen durch die Heilenden. Gehören Frauen auch hierzu?

M: Er nickt.

H: Wie empfangen die Heilenden dein Wort und deinen Willen?

M: Sie verstehen die Zeichen, die er ihnen schickt.

H: Wie wirkt sich die Kraft des Wortes und die Energie der Heilenden auf die Hilfesuchenden aus?

M: Sie finden dadurch den Weg und das Ziel.

H: Wie können sich die Suchenden vor Scharlatanen schützen?

M: Wer mit dem Herzen sucht, wird die richtigen finden.

H: Gibt es den Teufel? War er der Erzengel Luzifer? Ist er die Verkörperung des Bösen?

M: Es gibt das Böse. Es ist ein Teil des Ganzen, wie er auch. Doch wer sich ihm verschreibt, der ist verloren.

H: Wann schenkt er mir einen unvernebelten Blick, einen erleuchteten Geist?

M: Er antwortet nicht.

H: Werde ich vielen Menschen als Heiler helfen dürfen?

M: Er nickt.

H: Gibt es einen bestimmten Ort, wo die Menschen dein Heil erfahren sollen und wie ist der Ort, wie sieht er aus?

M: Sie sollen mein Heil überall auf der Welt erfahren.

H: Welche Überschrift soll das Buch Hypnose, das ich mit Anna schreibe, bekommen?

M: Der Weg ins Licht.

H: Wieviel Seiten stark soll dieses Buch sein und in welchem Verlag soll es erscheinen?

M: Die Fühlende wird den Verlag nennen.

H: Welchen irdischen Namen hat die Fühlende?

M: Er antwortet nicht.

H: Welche großen Ereignisse geschehen noch in diesem Jahr 1993?

M: Ein großer Vulkan wird ausbrechen und eine Überschwemmung wird kommen.

H: In welchem Land wird dieser Vulkan ausbrechen?

M: Auf den Philippinen.

H: Welche großen Ereignisse geschehen 1994?
M: Ein Sturm wird kommen.
H: Was ist das für ein Sturm? Wo wird er zu spüren sein?
M: Es wird ein Sturm der Haßgefühle sein und es ist Europa.
H: Welche großen Ereignisse und Geschehnisse werden 1995 sein?
M: Viele Menschen werden sich bekriegen.
H: Wo wird Krieg sein?
M: In Afrika.
H: Wieviel Seiten stark soll das Buch über Hypnose werden?
M: So um 160 Seiten.
H: Du sagst, nur du weißt was Sünde ist und nur du kannst sie vergeben, wenn wir dich darum bitten. Kannst du mir sagen, was Sünde ist?
M: Sünde ist, wenn man willentlich und wissentlich andere Personen verletzt.
H: Ist außerehelicher Verkehr Sünde?
M: Wenn man einem anderen wehtut, ja.
H: Welchen Zweck hat das heilige Abendmahl und haben die, die es austeilen Macht und Auftrag von dir?
M: Jedes Essen ist heilig und er hat niemanden einen Auftrag gegeben.
H: Es steht geschrieben, in der Endzeit wirst du deinen Sohn schicken, auf daß er die Braut hole. Die Auserwählten sollen verwandelt und entrückt werden. Ist das richtig? Wird das so sein und wann wird das sein?
M: Es ist nichts richtig davon.
H: Ist Jesus dein Sohn und wird er die Auserwählten holen?
M: Wir sind alle ein Teil von ihm.
H: Wie oft wurde ich in meinem Dasein geboren und wo wohnte ich?
M: Du hast viele Stationen durchlaufen und an vielen Plätzen gewohnt.
H: Was mußte ich aus der damaligen Zeit für mein Jetzt, Hier und Heute lernen?
M: Du hast gelernt, daß er überall ist.
H: Wird er mir auch weiterhin gnädig sein und die Kraft schenken, für ihn sein Wort zu verkünden und seine Energie zu spenden?
M: Er nickt.

Gedanken vom 20.02.1993

Nicht was man will geschieht sondern was man denkt, denn der Wille ist das größte Hindernis auf dem Weg zum Erfolg.

6. Sitzung

Wir haben heute den 01.03.1993. Medium Anna befindet sich in Tiefenhypnose und stellt die Brücke zum Licht, die Brücke zum höheren Bewußtsein, dar. Sie offenbart Gottes Antworten.

H: Was kann ich für die, die ich liebe, tun, damit auch ihre Seelen bewahrt und gerettet werden können?
M: Beschütze sie vor dem Einfluß des Bösen.
H: Was meinst du damit? Wie soll ich das verstehen?
M: Du mußt ihnen helfen, das Gute zu erkennen.
H: Hilfesuchende entziehen sich oftmals der Hilfe. Warum?
M: Sie haben Angst vor deinem Wissen. Sie spüren, daß du sie erkennst.
H: Befinde ich mich auf dem richtigen Wege und werde ich das Ziel erreichen?
M: Du befindest dich auf dem richtigen Weg aber du wirst noch zweimal zögern, ihn zu gehen.
H: Wirst du mir weiterhin deine Hilfe zuteil werden lassen?
M: Er wird immer bei dir sein.
H: Werde ich erfolgreich in meiner Tätigkeit als Heiler sein?
M: Der Kreis derer, die dir vertrauen, wird immer größer.
H: Wird das Buch "Der Weg ins Licht" in diesem Jahr fertiggestellt und im Verlag erscheinen?
M: Ende des Jahres wird das Werk vollendet sein.
H: In welchem Monat werde ich meine jetzige Firma verlassen um mich ganz der Tätigkeit als Heiler zu widmen?
M: Im November.
H: Gibt es bis zur Wiedergeburt für die Seelen im Jenseits eine Warteschleife? Ist die Verweildauer unterschiedlich lang?
M: Er nickt.
H: Werden die Seelen nach irdischen Taten in bestimmte Bereiche eingewiesen?

M: Nicht nach ihren Taten sondern nach ihrem Grad der Erkenntnis.

H: Gibt es auf anderen Planeten und Sternen Leben? Existiert menschliches Leben auch außerhalb unserer Erde?

M: Er nickt.

H: Leben Menschen außerhalb dieser Erde in menschlicher Gestalt?

M: Es sind Formen, die den Menschen sehr ähnlich sind.

H: Sind diese Lebewesen auch von dir geschaffen worden?

M: Alles kommt von mir.

H: Existieren Ufo's in Wirklichkeit?

M: Ja, denn die anderen suchen die Kommunikation mit uns.

H: Werden wir Menschen eines Tages auf anderen Planeten leben können und leben?

M: Ja, es wird einmal ein ganzes System sein.

H: Haben Tiere eine Seele und werden auch sie wiedergeboren?

M: Ja, jede Lebensform hat eine Seele aber sie bleiben in ihrer eigenen Form.

H: Ist Sterbehilfe Nächstenliebe oder Mord?

M: Es kommt auf die Form der Hilfe an.

H: Wann ist es Nächstenliebe und wann ist es Mord?

M: Wenn man dem Menschen beisteht, ist es Hilfe, doch wenn man ihm was gibt zum Sterben, dann ist es Mord.

H: Ist Selbstjustiz als ausgleichende Gerechtigkeit von dir erlaubt oder ist es Sünde?

M: Wer jemand anderem einen Schaden zufügt, begeht eine Sünde. Kein Mensch kann Richter sein.

H: Ist es in Ordnung, daß Mörder aufgrund mangelnder Beweise sich in Freiheit bewegen dürfen?

M: Sie werden ihren Richter in mir finden.

H: Was gibt und was kann die Kirche den Menschen geben?

M: Es ist der Ort für Menschen die glauben, nicht direkt mit mir reden zu können.

H: Ist Abtreibung Mord?

M: Er nickt.

H: Soll eine Frau das Kind von einem anderen auch nach einer Vergewaltigung austragen und lieben?

M: Das Kind hat seine eigene Seele, die gut sein kann.

H: Wie und wodurch finden Frauen Hilfe und Trost nach einer Abtreibung?

M: Durch die Arbeit mit anderen Kindern.

H: Kann sich eine Frau vor einer ungewollten Schwangerschaft schützen? Kann sie sich vor Vergewaltigung schützen? Oder muß sie alles hinnehmen?

M: Sie muß lernen sich zu wehren.

H: Was passiert mit den Seelen der Kinder, die nie das Licht der Welt erblickt haben?

M: Sie warten auf ihre nächste Station.

H: Dürfen die Frauen, welche abgetrieben haben, auf die Sündenvergebung hoffen und kannst du ihnen diese Sünde vergeben? Wie können sie die Freisprechung erfahren?

M: Durch die Gebete mit mir. Ich werde ihnen die Zeichen geben.

H: Wird es den dritten Weltkrieg geben und wann wird es sein?

M: Es wird keinen dritten Weltkrieg mehr geben.

H: Warum und wodurch haben Sekten solch großen Einfluß und Macht?

M: Durch die Einsamkeit der Menschen und sie haben Angst.

H: Ist Selbstmord Sünde?

M: Er nickt.

H: Wie können sich die Menschen vor brutaler Gewalt schützen? Wer hilft ihnen?

M: Sie müssen lernen zu lieben und sich zu wehren. Wer Liebe gibt wird auch Liebe bekommen aber wenn man angegriffen wird, soll man sich wehren.

H: Wenn mein Gegenüber mich mit dem Gewehr oder dem Messer bedroht, darf ich zuerst schießen oder muß ich erst warten?

M: Du mußt dich wehren.

H: Wenn der andere durch mich getötet wird, mache ich mich schuldig und sündige? Wie soll ich mit dieser Last fertig werden?

M: Du mußt beten für die Seele des anderen. Es darf nicht im Zorn geschehen.

H: Welche Gründe hat die Orientierungslosigkeit vieler Jugendlicher?
M: Ihre Eltern sind nicht mehr in der Lage, ihnen die Richtung zu zeigen.
H: Wie findet man den rechten Weg und unterscheidet ihn von den vielen Irrwegen?
M: Man darf sich nicht von materiellen Dingen leiten lassen. Man muß mit dem Herzen fühlen, dann findet man ihn.
H: Wie gehe ich mit Kränkungen und Schmerz um? Wo bekomme ich Hilfe für meine seelischen Wunden und wo finde ich Trost und Stärkung?
M: Zeig dem anderen deine Liebe, zeig ihm, daß du ihm vergibst und bete.
H: Warum trifft das Schicksal einige Menschen besonders hart? Warum müssen sie so leiden?
M: Weil sie den Weg zu mir noch nicht gefunden haben.
H: Warum kannst du brutale Gewaltverbrechen nicht verhindern. Müssen sie sein, damit die Seelen lernen dich zu suchen?
M: Auch das Böse hat seine Macht. Nur wer ganz fest an mich glaubt, bleibt davon verschont.
H: Warum sind die Güter auf dieser Erde so ungerecht verteilt?
M: Auch das ist eine Prüfung, die bestanden werden muß. Nur wer Armut kennt und trotzdem geben kann, hat sie bestanden.
H: Wird es den genmanipulierten Menschen geben?
M: Sie werden es versuchen, aber es wird nicht funktionieren.
H: Wirst du ihnen Einhalt gebieten?
M: Er nickt.
H: Ist die Erde innen hohl?
M: Er schüttelt den Kopf.
H: Wo wird das Paradies sein?
M: Überall.
H: Was hast du mir speziell zu sagen? In meiner Tätigkeit als Heiler, was muß ich beachten, was muß ich verbessern, was muß ich sein lassen?
M: Du mußt deine ganze Kraft darauf konzentrieren. Du mußt Geduld lernen und die Persönlichkeit deiner

Patienten berücksichtigen. Du darfst nicht mehr Einsicht von ihnen verlangen, als sie bereit sind zu geben.

Lieben lernen als Antwort auf den Völkerhaß!

Nicht daß wir die Welt in ihrer Materie ändern könnten, nein, wir müssen uns ändern, ein jeder für sich allein. Wenn wir uns erkennen, finden und annehmen und die Angst in uns nicht mehr bekämpfen, werden wir endlich die Harmonie und den Frieden erschaffen, welcher in der heutigen Zeit so dringend benötigen wird.

Die Gier ist die Wurzel allen Übels, welche nur überwunden werden kann, wenn wir sie annehmen. Die Gier nach mehr trennt uns von der befreienden Liebe. Unsere Angst vor Armut läßt uns letztlich den Mammon-Gott (Geld) anbeten. Unsere Unsicherheit verleitet uns zu Machtstreben. Unsere Hilflosigkeit ertränken wir in Alkohol und diversen Rauschmitteln. Was wir in unserem innersten bekämpfen und verstecken oder verdrängen, wird in unserer Umwelt sichtbar. Zum Beispiel die Unordnung. Das Entrücktsein von der Ordnung Gottes äußert sich auch in den erstickenden Müllbergen.

Wie innen, so außen, wie oben, so unten, lautet die Weisheit Hermes!

Der Unfrieden in uns selbst führt zu den Kampfhandlungen in der Familie, am Arbeitsplatz und letztlich äußert er sich als Haß gegen alle Völker, welcher im Krieg seinen Ausdruck findet.

Am Anfang war die Liebe. Sie ist das erkennende Bewußtsein, das höhere Bewußtsein, daß Licht, die Allmacht in unserer Mitte. Aus dieser Quelle schöpfen wir das Chi, die Kraft des Lebens. Für die Liebe leben und sterben wir im Kreislauf des Lebens, um als Morgensonne am nächsten Tag wieder zu erwachen. Sie, die Liebe, will sich in unserem innersten Zentrum finden lassen, um uns einen neuen Anfang zu zeigen. Erst wenn wir uns mit unserem höheren Bewußtsein, dem Licht der Liebe, verbunden haben, erst dann können wir uns mit der Liebe des anderen verbinden und Liebe fließen lassen. Dann achten wir die Natur der Schöpfung und werden fähig, Krisen zu meistern. Frieden halten in uns durch Erkennen und Annehmen von guten und schlechten Gewohnheiten um letztere überwinden zu können, sichert uns allen das dritte Jahrtausend. Überleben können wir nur im Durchleben des Inneren bewältigen. An einem Ort der Kraft dürft ihr die Liebe in euch erkennen und wachsen lassen. Durch die Heilenergie, welche getragen über Gedanken, Worte und Hände, dürft ihr stark und heil werden.

Ein Weiser ist nicht der, der vieles weiß
und seinen Blick verschließt dem inneren Schauen.
Der Weise folgt dem inneren Geheiß
und weiß des Herzens Rat zu trauen.

7. Sitzung

Wir beginnen heute die 7. Sitzung. Wir haben den 15.03.1993. Anna erneut in Hypnose und stellt Kontakt zum höheren Bewußtsein her.

H: Das Buch "Weg ins Licht" liegt fertig geschrieben vor dir. Kannst du uns aus diesem Buch etwas vorlesen?
M: Ihr müßt es selbst erarbeiten.
H: Soll ich ihn Gott nennen?
M: Manche nennen ihn Gott, manche auch Allah, aber du kannst ihm jeden Namen geben.
H: Das Bild von zwei Dreiecken, welche ich am 13.03.1993 in einer Meditation erfahren durfte, haben welche Bedeutung?
M: Du mußt es fühlen. Du mußt sie dir vorstellen und dann fühlen und du wirst die Antwort wissen.
H: Kannst du mir ein Mittel nennen, welches man gegen Warzen erfolgreich einsetzen kann?
M: Hier gibt es sowas nicht. Die Pflanzen sind nicht rein genug dafür.
H: Welche Pflanze hilft gegen Warzenbefall der Haut?
M: Die Wurzel der Angelika.
H: Wie soll ich die Angelikawurzel applizieren?
M: Die Pflanzen sind nicht mehr rein genug dafür.
H: Welche Hilfe gegen den Befall von Warzen steht uns heute zur Verfügung? Wodurch entstehen Warzen?
M: Warzen sind der Ausdruck von Haß. Sie bringen den Haß nach draußen und machen ihn deutlich.
H: Dann wäre also Liebe das Heilmittel gegen Warzen?
M: Als Vorbeugung ja.

H: Was ist zu tun, wenn die Warze bereits sichtbar ist?
M: Sie ausbrennen, wie man den Haß aus der Seele brennen muß.
H: Welches Mittel hilft gegen Allergie und wodurch entsteht sie?
M: Allergien sind ein Hilfeschrei des Körpers, daß er mit den Umweltgiften nicht fertig wird.
H: Wie kann ich dem Allergiker eine wirksame Hilfe zuteil werden lassen?
M: Es kommt auf die Allergie an. Vieles ist eine Sache der Ernährung.
H: Ist über den Verzicht von tierischen Produkten das Leiden der von Allergien geplagten Menschen zu bessern?
M: Ja.
H: Hilft als Umstimmungstherapie Eigenblut in Kombination mit Ameisensäure und Arsenicum album?
M: Aber nicht bei Nickel-Allergien.
H: Bei Asthma hilft welches Mittel? Ist Asthma der Ausdruck eines allergischen Geschehens, oder als seelische Erkrankung einzustufen?
M: Asthma ist eine Krankheit der Seele. Die Seelen haben Angst. Große Ängste, die sie selbst gar nicht kennen.
H: Kann ich diesen Menschen mit Energieübertragung helfen?
M: Du mußt mit ihnen in ihre Seelen hinabsteigen, die Ängste auslöschen und ihnen dafür Vertrauen geben.
H: Heißt das, ich muß mit Hilfe der Hypnose in ihrem Unterbewußtsein positive Gedanken suggerieren?
M: Du mußt auch ihre Ängste finden.
H: Verstehe ich richtig, daß über die Weiterführung des Menschen in Hypnose, über das Aufleben seiner Seelenbilder, dessen Ängste freigelegt und beseitigt werden können?
M: Er nickt.
H: Wie kann einem Menschen mit Senkungsbeschwerden geholfen werden?
M: Das ist eine Erkrankung des Körpers. Die Muskulatur ist erschlafft und muß wieder gestrafft werden.
H: Wie kann die Muskulatur gestärkt und gestrafft werden? Hilft gezieltes Bauchmuskeltraining?
M: Er nickt.

H: Welches Kraut ist gegen Säuglingsallergie "Neurodermitis" angezeigt und wodurch wird diese Krankheit hervorgerufen? Wie kann ich helfen?

M: Es ist eine Krankheit der Seele. Die Seelen sind depressiv. Aber es hilft auch eine Salbe aus Ringelblumen.

H: Kann man diese kleinen depressiven Seelen wieder heilen?

M: Man muß ihnen sehr viel Zeit, Liebe und Zuversicht schenken.

H: Kann man mit Ringelblumensalbe die Ekzeme auflösen?

M: Die Salbe lindert, die Heilung muß von der Seele kommen.

H: Menschen, denen ich Energie übertrage, erfahren Schmerzfreiheit, Linderung, Ruhe, Entspannung, Leichtigkeit usw. Diese Umwandlung löst sich, nach Erkrankung verschieden, nach einiger Zeit, teilweise oder vollständig wieder auf. Was kann ich verbessern, was müssen die Menschen lernen, die diese Art von Hilfe entgegennehmen?

M: Sie müssen lernen zu glauben und zu akzeptieren.

H: An was sollen sie glauben?

M: An deine Kraft zu heilen.

H: Bei welchen Erkrankungen hilft die Energieübertragung?

M: Bei seelischen Erkrankungen schafft die Energieübertragung Linderung aber bei organischen Erkrankungen ist sie meistens hilflos.

H: Was hast du mir zu sagen und was muß ich verbessern?

M: Du mußt mehr auf deine Patienten eingehen. Noch nicht jeder ist bereit an ihn zu glauben.

H: Wirst du mich auch weiterhin in der Therapie des Patienten führen?

M: Er nickt.

H: Was sind Engel?

M: Es sind besondere Seelen, die die Weisheit in sich tragen.

H: Was sind das für Seelen?

M: Sie tragen die Weisheit in sich.

H: Hat jeder von uns seinen eigenen Schutzengel?

M: Er schüttelt mit dem Kopf.

H: Wie sind Engel entstanden, waren sie einmal Menschen?

M: Sie werden auch immer wieder Menschen.

H: Welche Aufgabe haben Engel? Können wir sie direkt anrufen oder müssen wir ihn um den Engelschutz bitten?

M: Man muß ihn bitten um Engelschutz.

H: Was wollte uns Jesus Christus, den Gott auf die Erde geschickt hat, lernen?

M: Die uneingeschränkte Liebe, die von ihm kommt.

H: Ist es wahr, daß man Jesus Christus gekreuzigt hat? Hat er sein Leben geopfert und hat er durch sein Opfer den Menschen die Sündenvergebung ermöglicht?

M: Man hat ihn gekreuzigt, weil Liebe den Menschen die Macht nimmt.

H: Ist durch seinen Tot, durch sein Opfer, die Sündenvergebung möglich geworden?

M: Er schüttelt den Kopf.

H: Das Zeichen des Kreuzes, was hat es uns zu sagen? Müssen wir uns vor dem Kreuz fürchten?

M: Das Kreuz ist das Zeichen, das die Liebe über die Macht siegen wird. Wir müssen uns nicht fürchten.

H: Was müssen wir tun, damit unsere Wünsche in Erfüllung gehen können?

M: Wir müssen ganz fest daran glauben.

H: Wird Jesus Christus zurück auf die Erde kommen um die Auserwählten zu erretten, zu erlösen?

M: Er antwortet nicht.

H: Wie sieht die Erlösung aus? Was sollen die Menschen annehmen, was sollen sie glauben? Wer erlöst sie von ihren Sünden?

M: Nur er kann sie erlösen und sie werden ein Leben in Frieden finden.

H: Welche Gebote gibst du den Menschen in der heutigen Zeit? Was soll ich ihnen sagen?

M: Sie sollen nicht nur ihren Nächsten sondern alle lieben und die Gewalt von der Erde verbannen.

H: Gibt es noch weitere Gebote, die du den Menschen mitteilen möchtest?

M: Er schüttelt den Kopf.

H: In der Offenbarung des Johannes las ich vom Holz des Lebens. Wie kann ich dieses verstehen?

M: Er ist in allem und er ist das Leben.

H: Warum heißt das dann Holz des Lebens?

M: Es ist nur ein Sinnbild.

H: Haben Edelsteine eine Heilwirkung? Können sie mithelfen Krankheiten und Leiden zu lindern oder gar zu beheben?

M: Nein, aber für manche Menschen ist es einfacher daran zu glauben als an ihn.

H: Haben Pflanzen/Kräuter eine Heilwirkung und können sie helfen, eine Krankheit zu lindern?

M: Er nickt.

H: Ist die Astrologie als Wegweiser für die Menschheit brauchbar?

M: Er schüttelt den Kopf.

H: Wie alt ist die Erde?

M: Es gibt sie schon Milliarden von Jahren.

H: Stammt der Mensch von Adam und Eva ab? Stammt er vom Affen ab? Stammt er direkt von ihm, wurde er geformt aus einem Lehmklumpen?

M: Er sagt er stammt von ihm, er hat sich aus einer Zelle entwickelt und nicht aus einem Lehmklumpen.

H: Wie lange gibt es den Menschen schon auf der Erde?

M: Es gibt sie schon seit Millionen von Jahren.

H: Hießen die ersten Menschen Adam und Eva?

M: Die ersten Menschen brauchten keine Namen.

H: Sind Adam und Eva, von welchen in der Bibel geschrieben steht, reine Erfindung der Menschen?

M: Ja

H: Gibt es Leben auf Planeten unseres Sonnensystems?

M: Nein, aber auf anderen Sonnensystemen.

H: Wann werden wir Kontakt zu diesen Leben aufnehmen?

M: Wenn wir wirklich bereit dazu sind.

H: Wie viele Planeten in unserem Sonnensystem gibt es?

M: Es gibt unzählig viele Planeten in unserem Sonnensystem und viele haben die Menschen noch gar nicht entdeckt, weil sie sie nicht als Planeten erkannt haben.

H: Welche Energie benutzen UFO's zur Fortbewegung?

M: Die anderen benutzen mentale Energie.

H: Sie bewegen sich über Gedankenkraft fort?

M: Ja.

H: Wird das Universum untergehen?

M: Er schüttelt den Kopf.

H: Werden wir uns eines Tages mit mentaler Energie fortbewegen können?
M: Auch wir werden es lernen, aber es wird noch sehr lange dauern.
H: In einer Botschaft bekam ich folgenden Text übermittelt (in der Bibel nachzulesen: Jesaja, 42. Kapitel): Das ist mein Knecht, ich erhalte ihn und mein Auserwählter, an welchen meine Seele Wohlgefallen hat. Ich habe ihm meinen Geist gegeben.

Die Offenbarung des Unterbewußtseins

EWIGKEIT; ZEITLOSE UNENDLICHKEIT; ZEIT IST LEBEN; LEBEN IST SCHWINGUNG; SCHWINGUNG IST LIEBE; LIEBE IST GEBORGENHEIT

GOTT IST LIEBE

Wir leben in einem Zeitalter des Erwachens und die Menschen haben begonnen, den Weg der Wahrheit zu suchen. Es ist eine mühsame und schwierige Reise aus den Konflikten des gegenwärtigen Lebens hinauszugelangen, um ihn zu entdecken. Aber es ist wunderbar, wenn wir die Quelle der Kraft durch die Wegweisung der Heilenden erfahren dürfen. Dann übernimmt Gott selbst die Führung und ändert uns. Dann offenbart er uns jeden Tag und jede Nacht ein neues Geheimnis, wenn wir ihn darum bitten.

Die Antwort wird zur rechten Zeit kommen, aber ihr sollt über die Botschaft, oder demjenigen, der die Botschaft überbringt, nicht urteilen. In Liebe offenbarte das höhere Bewußtsein mir über Anna einen Teil seiner Weisheit für die Suchenden.

8. Sitzung

29.03.1993, Kommunikation mit dem höheren Bewußtsein.

H: Welche Energien und Kräfte wirken in der Wundergrotte Lourdes?
M: Es ist die Hoffnung für die Kranken.
H: Sind es Deine Kräfte, die in der Grotte wirken?
M: Ich gebe ihnen dadurch Hoffnung und Glauben.

H: Welche Orte der Kraft gibt es?
M: Für einen gläubigen Menschen strahlt jeder Ort Kraft aus.
H: Sind Pyramiden Orte der Kraft und wie nennt man die Quelle ihrer Kraft?
M: Es ist Energie, die durch die vier Ecken einer Pyramide auf ihr Zentrum strahlen.
H: Welche Energie ist es? Ist es seine?
M: Es ist seine Energie. Aber nur wenige Menschen verstehen, welche Kraft von diesen Pyramiden ausgehen kann.
H: Was bewirkt die Kraft in den Pyramiden?
M: Die Kraft kann heilen.
H: Was und wen heilt die Kraft? Wirkt die Kraft nur im Zentrum oder auch außerhalb?
M: Die Kraft wirkt nur im Mittelpunkt der Pyramide, deswegen muß sie sehr groß sein, um einen Menschen zu heilen.
H: Welche Bedeutung hat die geometrische Form der Pyramide?
M: Sie bedeutet die Offenheit zu allen Seiten.
H: Wer hat auf welche Weisung die Pyramiden erbaut?
M: Ich habe die Inspiration dazu gegeben, doch zuviele Sklaven mußten dafür sterben.
H: Was haben die Pyramiden in der heutigen Zeit uns zu sagen?
M: Jedes Zeitalter wurde von mir bestimmt.
H: Ergeben zwei Pyramiden gegeneinander auf ihre Grundflächen gestellt, auch einen Sinn?
M: Du wirst es bald erfahren.
H: Wie meinst Du das?
M: Du wirst es in einem Traum an deinem eigenen Körper erfahren.
H: Was werde ich hierdurch lernen?
M: Wenn es soweit ist, wirst Du es wissen.
H: Sehen Pyramiden in Wirklichkeit so aus?
M: Er nickt.
H: Welche Bedeutung hat die Zahl 144.000 von der in der Offenbarung des Johannes geschrieben steht? Ist es eine symbolische Zahl oder ist es die Zahl der Auserkorenen?

M: Es ist nur eine symbolische Zahl. Die Menge der Auserkorenen ist größer.

H: Können wir Dir über ein Opfer unseren Dank entgegenbringen und was sollen wir opfern? Wo dürfen wir das Opfer hintragen?

M: Ein Opfer an mir ist kein Dank sondern eine Beleidigung.

H: Uns wurde gelehrt in der Kirche, Dir Opfer zu bringen. Ist dieses Opfer für Dich eine Beleidigung?

M: Er nickt.

H: Wie können wir Dir unseren Dank entgegenbringen?

M: Wenn wir Liebe weitergeben. Das ist mein Dank.

H: Das Bermudadreieck verbirgt welches Geheimnis? Wo sind all die Schiffe und Flugzeuge geblieben?

M: Das Bermudadreieck ist das Zentrum des Bösen, der Dunkelheit.

H: Darf man dieses Dreieck nicht überqueren?

M: Einer reinen Seele, die dem Bösen stark gegenübertritt, der wird nichts geschehen.

H: Wo sind all die Schiffe und Flugzeuge geblieben, die dieses Dreieck überquerten?

M: Sie sind den Weg des Bösen gegangen. Die Seelen sind qualvoll gestorben und die Schiffe liegen auf dem Meeresgrund.

H: Welche Bedeutung hat die Drüggelter Kapelle für mich?

M: Du warst schon einmal früher dort und als du dort warst, hat dich ein Hauch der Erinnerung gestreift.

H: Welchen Beruf hatte ich zu der damaligen Zeit und warum war ich in dieser Kapelle?

M: Du warst ein Wanderarbeiter und es ist ein Unwetter aufgekommen und du hast in dieser Kapelle Schutz gesucht. Ein alter Mann hat dir was zum Essen gegeben.

H: Hat die Kapelle in der heutigen Zeit eine Bedeutung für mich?

M: Es war eine Begegnung mit mir und die Erinnerung hat dich dort hin geführt.

H: Welche Bedeutung hat die Kapelle heute für mich und warum fühle ich mich dort so wohl? Warum zieht sie mich an wie ein Magnet?

M: Um mir wieder zu begegnen. Wenn es soweit ist, werde ich kommen und dich speisen.

H: Welche Energien spüre ich dort?

M: Es sind die Erinnerungen an dein früheres Dasein.
H: In welchem Jahrhundert fand die Begegnung statt?
M: Es ist noch gar nicht so lange her. Es war am Ende eines deiner Wege und auch diesmal wird es am Ende deines Weges sein.
H: Wie alt ist die Kapelle?
M: Er antwortet nicht.
H: Auf wen wartet die Kapelle? Wen soll sie weihen?
M: Sie wartet auf Dich.
H: Darf ich noch öfter in dieser Kapelle Ruhe und Kraft finden. Und bist du dort, wenn ich dort bin?
M: Konzentriere Dich, du wirst Erinnerung finden und er ist immer bei Dir.
H: Die Kapelle hat zwei gedrungene Rundpfeiler im Kernstück. Herrscht in der Mitte eine besondere Energie?
M: Du wirst es noch erfahren, aber jetzt ist noch nicht der Zeitpunkt dafür da.
H: Zu was werde ich in dieser Kapelle geweiht?
M: Du wirst zu einem Wissenden.
H: Wann wird auf Erden Frieden und Liebe herrschen?
M: Wenn nur noch die Auserwählten da sind.
H: In welchem Jahr wird das sein?
M: Jahreszahlen sind ohne Bedeutung. Und dein Wissen über das genaue Ende würde nur eine Panik hervorrufen.
H: Werde ich es in meinem Leben noch miterleben?
M: Erst in deinem nächsten Dasein.
H: Welches Betätigungsfeld in der heutigen Zeit hat Zukunft?
M: Die Technik, die die Kommunikation mit den Maschinen ermöglicht. Und die Technik, die die Natur schützt. Denn die Menschen bekommen Angst.
H: Welche Prophezeiungen gibst du uns für 1994?
M: Es wird ein Sturm kommen. Ein Sturm der Haßgefühle. Menschen werden sich gegenseitig wegen ihrer Rasse und ihrer Herkunft angreifen.
H: Soll ich diese Prophezeiung in diesem Buch auch festhalten?
M: Ja, aber manche werden sie falsch verstehen.
H: Welche Prophezeiung gibst du uns für 1995?
M: Eine Flut wird kommen.

H: Was ist das für eine Flut und in welchem Land findet sie statt?
M: Du kennst die Antwort schon.
H: Kannst du sie mir trotzdem sagen?
M: Es ist das Meer, daß über die Ufer treten wird.
H: Welche Ereignisse geschehen außerdem in diesem Jahr?
M: Es wird Kriege geben in Afrika.
H: Welche Prophezeiungen gibst du uns für 1996?
M: Eine neue Seuche wird über die Erde kommen und die Menschheit stark dezimieren.
H: Was wird das für eine Seuche sein?
M: Es wird eine Seuche sein, die durch Insekten übertragen wird und die die Armen, Hungernden und Kranken von ihrem Leid erlösen wird.
H: Welche Prophezeiungen gibst du uns für 1997?
M: Du mußt Schritt für Schritt gehen, denn der Weg zum Wissenden ist weit.
H: Welchen Namen haben die Gesandten Gottes?
M: Es sind die Heilenden, die Sehenden und die Wissenden.
H: Welchen Sinn hat die heilige Wassertaufe? Wer ist berechtigt sie zu spenden?
M: Es war ein Bekenntnis, das mißverstanden worden ist. Erwachsene sollten rein wie die Kinder zur Taufe gehen, um deutlich zu zeigen, daß sie für ihn sind, daß sie an ihn glauben. Doch heute werden kleine Kinder getauft, die noch nichts zeigen können.
H: In der Bibel spricht man von Versiegelten, welche sein Siegel an den Stirnen tragen und sie wären die Auserkorenen. Ist das so richtig?
M: Es ist nur ein Symbol dafür, daß man die Auserkorenen erkennen kann, wenn man wirklich mit dem Herzen schaut.
H: Sollen wir dich als Dreieinigkeit ansehen?
M: Er schüttelt den Kopf.
H: Haben die Menschen dieses erfunden?
M: Es entspricht ihrem Sinn für ein geordnetes System.
H: Danke für deine Offenbarung. Danke für deine Weisheit.

Ich beende hiermit die Sitzung und führe das Medium Anna ins Tagesbewußtsein zurück.

Ein Gebet

Gottvater, als treibende Liebeskraft in allem Lebendigen. Geheiligt werde dein Name. Dein Sein offenbare sich über die Bewußtwerdung unseres Unterbewußtseins. Dein Wille geschehe innen wie außen. Unsere Kraft schenke durch deine gespendete Liebesenergie uns heute und vergib uns unsere Sünden. Hilf uns, alle Menschen zu lieben, in der Not zu helfen und sie nicht zu verfluchen, wenn sie uns erzürnen. Denn Dein Reich liegt in den Herzen der Gläubigen, die gewillt sind, deine Liebe zu leben und weiterzugeben.

Gottvater, habe Dank für alles schöne, welches wir erleben dürfen. Erneut möchten wir dich bitten um den Engelschutz für die Kinder dieser Welt. Behüte ganz besonders die Schwachen, Kranken, Hungernden und Hilfesuchenden. Schenke den Menschen Ruhe und Frieden, die Fähigkeit, Dich zu erkennen und zu lieben. Laß uns weise werden, Gerechtigkeit üben, stark sein, um den Anfechtungen des Bösen widerstehen zu können. Spende uns innerlichen Frieden und laß uns klug handeln jeden Tag. Nimm uns an Deine Hand und führe uns in Geduld auf dem Wege der Wahrheit dem Lichte entgegen. Nimm uns in die Gemeinde der Gläubigen auf. **Amen**.

9. Sitzung

Anna befindet sich erneut in Trance und wird von mir mit dem höheren Bewußtsein, mit der Quelle der Kraft, mit Gott zusammengeführt. Wir haben heute den 12.05.1993 und Anna hat Kontakt mit ihm.

H: Welche Bedeutung hat folgende Geschichte: Vier Engel stehen an den vier Ecken der Erde und halten die vier Winde fest, bis deine Knechte an den Stirnen versiegelt sind.

M: Die Geschichte ist symbolisch gemeint und deutet an, wie die Zukunft sein wird, wenn die Menschen gelernt haben.

H: Was sind die vier Winde?

M: Du weißt es bereits. Und die Erkenntnis wirst du in einem Traum finden.

H: Es heißt, die Lästerung wieder den heiligen Geist ist eine Sünde, die du nicht vergeben wirst. Was heißt das?

M: Alle, die wieder mich lästern, sind böse.
H: In welchen Menschen wirkt der heilige Geist?
M: In allen Menschen, die an mich glauben und fähig sind, Liebe zu geben.
H: Wie bekommt der Mensch den heiligen Geist gespendet?
M: Er ist von Anfang an und immer bei ihnen.
H: Wer ist heilig?
M: Heilig sind die, die die letzte Erkenntnis erlangt haben und die ihre vollkommene Liebe zum Heil und Trost weitergeben.
H: Wer darf einen Menschen heilig sprechen?
M: Nur ich.
H: Welche Orte sind heilig?
M: Es gibt keine heiligen Orte.
H: Ein Mensch der geweiht wird, wird er heilig gesprochen von Dir?
M: Ja, denn nur wer die letzte Erkenntnis errungen hat, kann geweiht werden.
H: Ist Jesus Christus durch eine "Jungfrau" Maria geboren worden?
M: Die Jungfräulichkeit ist nur ein Symbol für das reine Herz von Maria. Es war nicht anatomisch gemeint.
H: Ist Jesus Christus verheiratet gewesen? Hatte er eine Frau und Kinder?
M: Er hatte eine Frau, aber keine Kinder.
H: Hat Jesus nie gesündigt?
M: Er schüttelt den Kopf.
H: Wird oder ist Jesus auch wiedergeboren worden oder hat er mit einem Leben sein Ziel "heilig" zu sein schon erreicht?
M: Er hat sein Ziel schon erreicht.
H: Wird Jesus auf einer Wolke wiederkommen?
M: Er schüttelt den Kopf.
H: Hattest du die Auserkorenen von Anfang an dazu schon erwählt?
M: Er schüttelt den Kopf.
H: Mußten sie, die Auserkorenen, auf dieser Erde erst gerecht gemacht werden?
M: Er nickt.
H: Bringt uns Enthaltsamkeit dir näher?
M: Zur Liebe gehört auch die Freude.

H: Das "Sonnenweib" hat welche Bedeutung für uns?
M: Du weißt es schon.
H: Die Konstellation der Sterne besitzt Einfluß auf das Weltgeschehen?
M: Er schüttelt den Kopf.
H: Was sagen uns die Sterne, die Sternbilder, die Tierkreiszeichen? Haben sie uns etwas zu sagen?
M: Nein. Sie können nur die Richtung weisen.
H: Sind alle Menschen "Gotteskinder"?
M: Er nickt.
H: Was heißt "weise handeln"?
M: Vorher überlegen, ob man mit seinem Handlungen anderen oder sich selbst schadet, oder ob man ihnen dadurch helfen kann.
H: Ist "Atlantis" nur eine Sage?
M: Es gab Dörfer, die versunken sind, aber eine Stadt namens Atlantis war nicht dabei.
H: Sind "Muttermale" Wunden aus vergangenem Dasein?
M: Er schüttelt den Kopf.
H: Was ist Liebe?
M: Die Bereitschaft, sich selbst und alle seine Güter für einen anderen aufzugeben.
H: Heilen, was heißt das?
M: Die seelischen Wunden eines Menschen zu finden und ihm zu helfen, sie zu heilen.
H: Jesus sagte: Wisset ihr nicht, daß ich dasein muß, wo meines Vaters ist. Meinte Jesus damit den irdischen oder den körperlichen Tempel?
M: Er meinte damit, an meiner Seite zu sein, bis zur letzten Wiedergeburt.
H: Was sind Sakramente?
M: Es sind "Symbole der Kirche" um den Menschen Angst einzuflößen.
H: Wird es in Zukunft eine neue Religion geben?
M: Es wird keine Religion im herkömmlichen Sinn mehr geben. Sie alle werden dasselbe glauben. Sie werden es wissen und brauchen es nicht zu zelebrieren.
H: Werden die Menschen sich an bestimmten Orten zusammenfinden um ihm Lob zu singen und ihm Ehre zu geben?
M: Er schüttelt den Kopf.

H: Du sagst: Die Kraft der Pyramiden kann heilen. Was bewirkt sie außerdem?

M: Sie sammelt die Energie, die um sie herum ist und leitet sie zu einem zentralen Punkt in ihrem Innern.

H: Was bewirkt diese Energie?

M: Das ist ein Wissen, was wir verloren haben, aber in späterer Zukunft wiedererlangen werden.

H: Warum wurden die Pyramiden Grabmäler?

M: Man hat die Energie überschätzt. Man dachte, sie würde die Toten wieder auferwecken.

H: In der ersten Predigt Jesu, der Bergpredigt, lehrte er den Menschen das vollkommenste aller Gebete, das Vaterunser. Ist das richtig?

M: Er nickt.

H: Sollen die Gläubigen auch heute noch so zu Gott beten?

M: Er schüttelt den Kopf.

H: Wie sollen wir heute zu dir beten?

M: Wir sollen an ihn denken und über unser Leben nachdenken und darüber Bilanz ziehen.

H: Ich verkörpere in der Meditationssitzung zwei Dreiecke, die sich übereinander schieben und einen Davidstern ergeben. Was hat dieser mir zu sagen?

M: Daß dein Wissen und dein Glauben sich vereinigen werden.

H: Hatte ich eine Verbindung in früherer Zeit zum Judentum?

M: Er schüttelt den Kopf.

H: Haben die Juden Jesu umgebracht?

M: Er schüttelt den Kopf.

H: Sind die Juden von ihm verflucht worden?

M: Er schüttelt den Kopf.

H: Warum wurde und wird den Juden so viel Leid angetan?

M: Aus Angst.

H: Was heißt das?

M: Die Menschen brauchten etwas, um ihre eigene Schuld auf andere abzuwälzen. Weil sie Angst vor der Strafe hatten.

H: Spendest du deinen heiligen Geist durch Handauflegung?

M: Er ist in allem. Durch Handauflegen wird Energie weitergegeben.

H: Ist die Taufe mit Wasser als Symbol des guten Willens zu dir anzusehen? Wer soll und darf taufen?

M: Die Taufe soll die Willenserklärung eines Erwachsenen sein, daß er Mitglied in der "Gemeinde der Gläubigen" werden will und jedes Mitglied dieser Gemeinde darf ihn taufen.

H: Wo ist die "Gemeinde der Gläubigen" zu finden und wie heißt sie?

M: Sie hat keinen Namen und keinen Ort.

H: In der Offenbarung steht geschrieben: Selig und heilig ist der, der Teil hat an der ersten Auferstehung. Über solche hat der andere Tod keine Macht. Wer wird hierzu zählen?

M: Er antwortet nicht.

H: Wird am Ende der Zeit, wo die Auserwählten miteinander in Frieden leben, der körperliche, leibliche Mensch noch existieren? Oder leben sie in einem Geistkörper?

M: Es ist nicht das Ende der Zeit, sondern der Beginn. Und die Körper werden weiter existieren.

H: Werden die Menschen auch weiterhin in ihren Körpern vergehen?

M: Der Körper wird weiterhin verfallen.

H: In einem Traumbild halte ich ein goldenes Gefäß in der Hand, in dem ein neugeborenes Kind ruht. Dieses Gefäß, was ist es für mich?

M: Ein Mensch, der dich eine Zeitlang begleitet und dir Liebe bringt.

H: Haben die Qumran-Rollen, welche in den Felsenhöhlen am Toten Meer gefunden wurden, uns etwas zu sagen?

M: Sie sind wie die Bibel. Vieles ist symbolisch gemeint. Man muß sie mit dem Herzen lesen, um sie richtig verstehen zu können.

H: Werde ich sie richtig verstehen?

M: Du bist auf dem Weg ein Wissender zu werden und diese Schriften werden dir dabei helfen.

H: Was heißt der Messias des Himmels und der Erde? Wo finden wir ihn? Wer ist es?

M: Es gibt ihn nicht.

H: Es heißt: Er, der Menschensohn, soll auf den Wolken des Himmels wiederkommen und die Himmel sollen Urteil herunterregnen.

M: Es ist nur ein Symbol für den Umbruch. Für den Beginn der neuen Zeit.

H: Wo und wer ist der Tempel der Gemeinde?

M: Er antwortet nicht.

H: Kannst du uns das Geheimnis der Existenz erklären?

M: Der Mensch ist auf der Welt um zu lernen und zu lieben.

H: Was erwartet die Menschen am Tag des letzten Gerichts?

M: Es wird keinen Tag des letzten Gerichts geben. Es wird eine Zeit geben, da wird die Spreu vom Weizen getrennt und diese Zeit hat schon begonnen. Und am Beginn der neuen Zeit werden nur die Auserwählten übrig geblieben sein.

H: Es steht geschrieben in den Qumran-Rollen: Einer wird die Worte Gottes in ein Buch schreiben, das nie zu Ende geht. Welchen Titel hat das Buch und wer ist der Autor?

M: Ahnst du es nicht?

Ich bedanke mich über Anna bei unserem Gott für die Worte der Wahrheit und beende die Sitzung, indem ich Anna langsam wieder ins Tagesbewußtsein zurückhole.

Erneuerung des Lebens

Glück und Erfüllung in der "Selbstverwirklichung", was auch immer man darunter versteht. Erkenne, daß du vollkommen und wichtig im Gefüge des Ganzen bist, daß ohne dich das Ganze unvollkommen und nichtig ist. Erkenne, daß du niemals alleine bist, daß ein großer, mächtiger, starker, weiser, lieber, grenzenloser Geist dein Bewußtsein lenkt.

Nur durch Selbstüberwindung und Erkenntnis der eigenen Identität gelangst du zur wirklichen Freiheit. Und diese wiederum ist eine Voraussetzung zur Selbstverwirklichung im Gottbewußtsein. Erkenne, daß du durch christliche Werke gerecht gemacht wirst. In der Welt der Energie zählt nur wirkliche Aufrichtigkeit. Das bedeutet manchmal, daß wir Dinge, an denen wir hängen, aufgeben müssen. Das, woran unser Verstand sich klammert, muß nicht das Beste für uns sein. Wir werden niemals bestraft, sondern nur unterrichtet. Alles geschieht nur zum Besten. Alles ist Teil des Planes, der dir bestimmt ist. Du brauchst dich auf dem Weg des Guten niemals zu sorgen, denn dein Leben wird weiterhin verlaufen, wie es muß. Gestatte dir selbst, weiterzureisen und nicht in einer Position zu verharren, was deine Energien davon abhalten würde, sich zu verändern und zu wachsen. Wir alle sind offene Energiesysteme, die einen Zugang zu unbegrenzten Potentialen haben. Wie wir im 20. Jahrhundert alle wissen, werden Energie und Materie in einer Gleichung $E = mc^2$ in Beziehung gesetzt. Man könnte es auch anders sagen: Energie und Materie sind unter bestimmten Umständen austauschbar. Der Mensch und seine Umwelt besteht aus Bioenergie, die sich in Materie, in die Substanz unserer Existenz, verwandelt.

Die Chinesen nennen die Kraft, die alles Leben erfüllt, **Chi-Energie**. Die Yogis von Indien und Tibet sprechen von einer Lebensenergie, welche sie **Prana** nennen. Die Kahunas (Schamanen) von Hawaii sprechen von einer allumfassenden Lebenskraft, die sie **mana** nennen. Auf dem Gebiet der Parapsychologie sprechen wir von der **PSI-Kraft**, welche offensichtlich in allen Menschen vorhanden und bei manchen prädisponierten Personen ein außerordentliches Entwicklungsniveau inne hält.

Die Hände vieler Heiler dienen als Vermittler der Lebenskraft - Energie und wir sollten die Orte, wo die Kraft fließt, gerne aufsuchen, um unsere Ruhe und Kraft zu finden.

10. Sitzung

Möge sie (die Wahrheit) wiedergeboren werden in den göttlichen, weisen Gesetzen.

Wir beschreiten heute am 26.05.1993 die 10. Sitzung und ich darf über das goldene Gefäß, welches durch Anna symbolisiert wird, die Worte der Wahrheit entgegennehmen, um sie Dir, dem Suchenden, weiterzureichen.

H: Ist die Schlange als Symbol des Zepters in meinem Traum vom 19.11.1992 zu deuten?

M: Er nickt.

H: In der Damaskusschrift steht geschrieben: Und der Stern, das ist der Erforscher des Gesetzes, der nach Damaskus (Qumran) kommt... das Zepter, das ist der Fürst der ganzen Gemeinde.... Wer ist es, der den Stern verkörpert?

M: Er antwortet nicht.

H: Wie heißt der König mit dem Zepter?

M: Die Zeit für diese Frage ist noch nicht reif.

H: Aus welchem Stamm wurde ich geboren?
M: Aus dem Stamm Isaak.
H: Welcher Religionsgemeinschaft gehörte David an?
M: David war Jude.
H: Der Traum vom 25.05.1993 hat welche Bedeutung für mich und den Menschen?
M: Er zeigt dir die Richtung, wenn Glaube und Wissen miteinander verschmolzen sind.
H: Wo finden wir die Stadt Qumran, welche auch Damaskus genannt wird?
M: In den Herzen der Gläubigen.
H: Welche Aufgabe habe ich in Qumran, in den Herzen der Gläubigen zu vollbringen?
M: Ihnen den Weg der Wahrheit zu zeigen.
H: Mußten die Qumran-Rollen über 2000 Jahre ruhen, um sich ihrem König in der heutigen Zeit zu offenbaren?
M: Er nickt.
H: Das Zepter im Traumbild, als Schlange symbolisiert, hat welche Bedeutung?
M: Die Zeit dafür ist noch nicht reif.
H: Wann ist die Zeit dafür reif?
M: Du wirst mit jedem Tag weiser und eines Tages wirst du weise genug dafür sein.
H: Hat Paulus das Urchristentum verfälscht, so wie es in den Qumran-Rollen steht?
M: Er schüttelt den Kopf.
H: Wer sind die Söhne der Morgendämmerung?
M: Er antwortet nicht.
H: Welchen Namen hatte die Frau von Jesus?
M: Sie hieß Gabriela.
H: Gibt es zwei Messias?
M: Er schüttelt den Kopf.
H: Sind Jesus und der Messias zwei verschiedene Personen?
M: Es gibt keinen Messias. Es gibt nur die Wissenden, die den Unwissenden den Weg zeigen werden.
H: Wer ist der Messias, der am Ende der Zeit auferstehen wird?
M: Es gibt keinen Messias. Der Messias ist nur ein Sinnbild dafür, wie die Menschen dann sein werden.
H: Die letzte Wiedergeburt bedeutet was?

M: Es gibt keine letzte Wiedergeburt. Denn nur die Seelen, die sich dem Bösen zugewandt haben, müssen sterben. Und die Zeit hat kein Ende.

H: Wie offenbarst du dich den Menschen, wenn sie geweiht werden?

M: Ich weihe sie, wenn wir alleine sind und dann erscheine ich ihnen in einem gleißenden Licht.

H: An welchem Ort werden sie geweiht?

M: Das ist unterschiedlich.

H: Sind Zeugen während der Weihe anwesend?

M: Er schüttelt den Kopf.

H: Um was sollen und dürfen wir dich bitten?

M: Um alles was das Herz der Menschen begehrt.

H: Wie oft soll sich der Mensch durch die Taufe zu dir bekennen? Wie oft sollen Menschen getauft werden?

M: Getauft werden sollen die Menschen nur einmal, aber bekennen sollen sie sich jeden Tag durch ihr Handeln und Tun aufs neue.

H: Welche Worte sollen dem Täufling bei der Wassertaufe entgegengebracht werden?

M: Dem Täufling soll gesagt werden, daß er durch die Taufe in meine Gemeinde aufgenommen ist und daß er zu ihr, sowie auch die Gemeinde zu ihm halten wird.

H: Sollen wir den Täufling "im Namen Gottes" taufen?

M: Der Name, den man Ihm verleiht, ist nicht wichtig, solange man ihn nur meint.

H: Wer zählt zu der Gemeinde der Gläubigen?

M: Alle, die an ihn glauben und die Liebe über die Macht und Gewalt stellen.

H: Wie versammeln sie sich?

M: Er antwortet nicht.

H: Wie finden sie zueinander?

M: Sie erkennen sich an der Art ihres Denkens und Handelns.

H: Was macht die Gemeinde der Gläubigen aus?

M: Es sind Menschen, die keine Verlogenheit und keinen Zwang brauchen, um zu glauben.

H: Wieviel Seelen sind eine Gemeinde?

M: Schon zwei Seelen können eine Gemeinde sein.

H: Offenbarst du dich in und durch die Gemeinde?

M: Er offenbart sich nur denjenigen, die auf dem Weg sind ein Wissender zu werden, denn nur die werden wirklich verstehen können und die Wissenden werden seine Worte weitergeben.

H: Hat die Gemeinde der Gläubigen ein Oberhaupt, einen Führer?

M: Er nickt.

H: Wer wird der Führer sein?

M: Er lacht. Er wird der Führer sein.

H: Kannst du uns noch mehr über diese Gemeinde erzählen?

M: Sie wird stetig wachsen und du wirst dazu beitragen, daß sie wächst.

H: Welche Bedeutung hat die Feuertaufe?

M: Es gab eine Zeit, da wollte man damit den Teufel austreiben. Doch durch Schmerz vertreibt man das Böse nicht.

H: Wird die Gemeinde der Gläubigen dir zu Ehren Häuser bauen und eine Art Gottesdienst abhalten?

M: Es wird Gottesdienste, so wie es sie heute gibt, nicht mehr geben. Aber sie werden zusammenkommen um ihn zu loben und zu preisen und um ihm zu danken.

H: Was ist der heilige Geist?

M: Wenn die Zeit dafür reif ist, wirst du es verstehen. Und dann wirst du es an die weitergeben können, die auch verstehen wollen.

H: Du sagst: Ein Mahl verbindet. Wie meinst du das?

M: Wenn man etwas miteinander teilt, z.B. das Essen, dann verbindet so etwas.

H: Was bedeutet das Wort "Weisheit"? Wie und wodurch wird einem Menschen "Weisheit" zuteil?

M: Weisheit ist, wenn das Wissen und der Glaube verschmolzen sind. Aber es gibt nur wenige, die dieses erreichen, weil viele gar nicht erst verstehen wollen.

H: Was können wir tun, um sensitiver für deine Energien und Wahrheiten zu werden?

M: Wir müssen geduldiger und ruhiger werden. Wir müssen uns in uns selbst zurückziehen.

H: Durch welche Merkmale physischer und psychischer Art erfahren wir deine Nähe?

M: Er ist immer nahe.

H: Sind Geisteskrankheiten von dir gewollt?

M: Nein. Geisteskrankheiten sind reine Schädigungen des Gehirns.

H: Warum werden Menschen als Geisteskranke geboren?

M: Es kann vielerlei Ursachen haben. Es ist eine Krankheit des Körpers und nicht der Seele.

H: Wie soll so ein Mensch deinem Gebot gerecht werden, Liebe weiterzugeben? Welchen Sinn hat solch ein Leben?

M: Auch Geisteskranke können Liebe geben. Nur sind die Gesunden meistens nicht in der Lage, diese Liebe zu erkennen und anzunehmen.

H: Welchen Sinn hat ihr Leben. Was können diese Menschen für das Leben lernen?

M: Die Seele lernt dabei.

H: Welche Hilfe kann man den Eltern solcher Kinder schenken?

M: Die Eltern müssen verstehen lernen, daß der Geist solcher Kinder zwar gestört ist aber nicht die Seele.

H: Sollten lebenserhaltende Maßnahmen um jeden Preis angewandt werden, auch wenn sie das Sterben verzögern?

M: Er schüttelt den Kopf.

H: Sollten die Apparate abgeschaltet werden, um dem Menschen das Sterben zu ermöglichen?

M: Er nickt.

H: Wie lange bleibt die Seele in einem toten Körper?

M: Schon einige Sekunden nach dem Tod verläßt die Seele den Körper.

H: Können Menschen und Dinge durch starke Magnetfelder in eine andere Dimension versetzt und unsichtbar gemacht werden?

M: Er nickt.

H: Ist dieses mit Henoch, der lebendig in den Himmel aufgenommen wurde, auch passiert?

M: Er schüttelt den Kopf.

H: Wen erwartet dieses Phänomen?

M: Niemanden.

H: Ist Jesus von den Toten auferstanden?

M: Er schüttelt den Kopf.

H: Sind die Gerechtgewordenen und die Auserwählten identisch?

M: Er nickt.

H: Ist der Tempel Gottes die Gemeinde der Gläubigen?
M: Er nickt.
H: Woher und wodurch erfährt der Mensch den Glauben?
M: Er erkennt es und er lernt es.
H: Wodurch wird der Glaube erweckt?
M: Meistens durch äußere Umstände und Begebenheiten.
H: Können Rituale oder Mantras die Heilkraft aktivieren und verstärken?
M: Er schüttelt den Kopf.
H: Benötigen wir die Hierarchie geistiger Vorgänger, um dein Wort, Willen, Liebe und Wahrheit empfangen zu können?
M: Er nickt.
H: Wird es in der Gemeinde der Gläubigen auch eine Hierarchie geben?
M: Er nickt.
H: Sind es verschiedene Ämter? Wie werden sie heißen?
M: Es wird nur die Gemeindemitglieder, die Wissenden und ihn geben.
H: Ist es richtig, daß die Wissenden so eine Art Priester sein werden?
M: Er nickt.
H: Welchen Rat gibst du mir heute? Was soll ich tun, was soll ich beachten und wie kann ich mich verfeinern?
M: Du mußt in dich gehen und in dir das Bild der beiden Dreiecke suchen. Du mußt dich darauf konzentrieren. Du mußt sehen, daß die beiden Dreiecke beginnen, ineinander zu verschmelzen.
H: Ist dieses der Davidstern, den ich schon einmal in der Meditation verkörpern durfte?
M: Er nickt.
H: Wann werde ich die Verschmelzung der beiden Dreiecke erneut erleben dürfen?
M: In der siebenten Nacht von heute an.

Nach einem herzlichen Dankeschön für seine Weisheit beende ich die Kommunikation für heute mit unserem Gott um Anna wieder aus dem Trance-Zustand ins Tagesbewußtsein zurückzuführen.

Die Qumran-Rollen entschlüsselt (Teil 1)

Die Qumran-Rollen ruhten über 2000 Jahre in den Höhlen nahe dem Toten Meer. Als die Schriftrollen 1947 entdeckt wurden, entpuppten sie sich als Handschriften von Büchern des alten Testaments, Bruchstücke der Apokryphen in aramäischer Sprache, sowie Literatur einer jüdischen Glaubensgemeinschaft, wahrscheinlich der Essener. Es sollte aber noch einmal 50 Jahre bis zur Offenlegung der entzifferten Texte vergehen, weil eine internationale Gruppe die revolutionären Inhalte der Rollen unter Verschluß halten wollte. Aber letztlich siegte das Licht (Liebe) über die Dunkelheit (Macht) und entblößte diejenigen, welche das Licht der Wahrheit scheuen mußten. Der Gedanke, daß die Literatur aus dem Buch "der Weg ins Licht" gegen die Kirche gerichtet sei, trifft den Sachverhalt nicht. Der Eifer für den Tempel (Gemeinde der Gläubigen), den die Kommunikation mit dem Licht, Kraft, höheren Bewußtsein zeigt, steht im Mittelpunkt, aber der Tempel muß erst von allen Dogmen, von allem Falsch gereinigt werden. Denn die Zeit ist gekommen, um den Tempel von allen schlechten Werken zu reinigen. Jetzt wird die Spreu vom Weizen getrennt und es wird in Ewigkeit bewahrt sein, wer sich zu ihm bekennt in Worten und Taten.

Es steht geschrieben in den Qumran-Rollen: "Er wird die Heiligen führen; Er wird sie hüten."

Ein Hinweis auf den (die) Auserwählten im Fragment 2, Spalte 2: "Einer wird die Worte Gottes in ein Buch schreiben, das nicht zu Ende geht. In seiner Jugend wird er sein wie ein Mann, der nichts weiß, bis zu der Zeit, wenn er die Drei Bücher kennenlernen wird. Dann wird er weise werden und wird einsichtig sein. Eine Vision wird über ihn kommen, während er auf seinen Knien ist im Gebet. Er wird Rat und Weisheit erwerben und er wird die Geheimnisse der Menschheit kennen. Seine Weisheit wird sich ausbreiten über alle Völker, und er wird die Geheimnisse aller letzten Dinge kennen. Alle ihre Pläne gegen ihn werden fruchtlos sein und das Erbe für alle Lebenden wird groß sein. Und alle seine Pläne werden erfolgreich sein, weil er der Auserwählte Gottes ist."

Fragment 4, Spalte 1: "Nun hört mich, alle meine Söhne, und ich werde sprechen über die Weisheit, die Gott mir gab."

Fragment 4, Spalte 2: "Selig ist der, der wandelt mit reinem Herzen und der nicht mit seiner Zunge verleugnet. Selig sind die, die an ihren Gesetzen festhalten und die nicht die Wege des Bösen beschreiten. Selig ist der Mann, der nach der Weisheit greift und wandelt und nimmt ihre Züchtigungen an und wer sie nicht fallenläßt im Elend seiner Leiden noch sie in einer Zeit der Schwierigkeiten verläßt, noch sie in den Tagen der Schrecken vergißt. Um Weisheit wird sein Haupt erheben und ihn unter Könige setzen. Die Verständigen werden Worte der Einsicht hervorbringen und in Frieden wandeln. Die Vollkommenen werden Böses verwerfen. Sie werden ihre Züchtigungen nicht zurückweisen. Die Klugen werden ihre Wege erkennen und ihre Tiefen ergründen."

Fragment 4, Spalte 3: "Sie werden sich nicht mit Gold oder Silber kaufen lassen, noch mit irgendeinem Edelstein."

Fragment 4, Spalte 4: "Du sollst nicht wanken. Du wirst behütet werden zu der Zeit, da du taumelst, und du wirst Gnade finden. Die Schmach derer, die dich hassen, soll dir nicht nahe kommen. Er wird veranlassen, daß du erbst und alle deine Tage mit Gütern füllen und an der Fülle des Friedens sollst du dich erfreuen. Du sollst Herrlichkeit/Ehre erben. Auch wenn du zu deiner ewigen Wohnstätte dahingehst, alle deine Geliebten sollen erben. Alle diejenigen, die dich kennen, werden in Einklang mit deiner Lehre wandeln und deine Worte hören. Zusammen werden sie wehklagen und sich an dich und deine Worte erinnern, denn du warst."

"Kehrt zurück zu Gott mit Weinen und Fasten. Verleiht eure Herzen und nicht eure Kleider. Du sollst deinen Nächsten lieben wie dich selbst. Du sollst den Herrn, deinen Gott, lieben. Die Zeichen werden sein am Ende der Tage der Gottlosigkeit: Gewalttätigkeit, Fremdenfeindlichkeit, leidenschaftlicher Nationalismus, Interesse an Gerechtigkeit, Urteil Gottes, Lügende, Spötter, Unzucht, Reichtum, Befleckung der Tempel, Profitmacherei, Zerstörung. Denn der Satan selbst verkleidet sich als ein Engel des Lichts, indem er die Wahrheit (das Gegenteil von Lügen) betont (z.B. daß er nicht lüge), (Betonung von Gerechtigkeit >>gerechtem Urteil<<)."

"Darum nimm von den Kindern des Heils und wisse, wer Herrlichkeit erben wird. O du, wandle in Wahrheit mit all denen, die suchen nach Wahrheit. Um die Geheimnisse und Einsicht zu verstehen, teile Er auf unter denen, die Wahrheit geerbt haben. Öffne deine Lippen als eine Quelle, um die Heiligen zu segnen. Oder halte dich fern von allem, was er haßt, und halte dich fern von jedem Greuel. Er beschloß dein Schicksal und vergrößerte deine Herrlichkeit bei weitem und es ist in deiner Gewalt, Zorn von den Menschen seines Wohlgefallens abzuwenden. O du, du verstehst, aufgrund der Weisheit deiner Hände hat er dir Vollmacht gegeben und deine Erkenntnis ist eine Schatzkammer für alle Menschheit. Tausche nicht deinen heiligen Geist für irgendwelchen Reichtum, denn kein Preis ist deiner Seele angemessen. Verlasse nicht deine Gesetze und halte deine Geheimnisse geheim, wenn er dir seinen Dienst aufträgt. Erlaube keinem Schlaf, deine Augen zu betreten, bis du es alles getan hast und füge nichts hinzu. O du, wenn dir Brot fehlt, rühme dich nicht deiner Armut, Plündere nicht, um am Leben zu bleiben und verdünne auch nicht den Inhalt eines Gefäßes. Wenn Gott bestimmt hat, daß du in deiner Armut sterben sollst, so hat er dies festgesetzt; aber verderbe nicht deinen Geist deswegen. Als deine Bestimmung wirst du ewiges Glück erben. Obgleich du arm bist, sage nicht "Ich bin arm". Eher beuge deinen Rücken aller Disziplin und durch alle Weisheit reinige dein Herz und in dem Reichtum deiner geistigen Fülle erforsche das Geheimnis der Existenz. Und denke über alle Wege der Wahrheit nach und bedenke alle Wurzeln des Bösen. Ehre deinen Vater in deiner Armut und deine Mutter durch dein Verhalten. Denn am Ende der Tage des Gerichtes wird Gott von der Erde vernichten alle, die Götzenbilder verehren und alle Gottlosen. Er wird das Zeitalter der Finsternis beenden und das Zeitalter des Lichtes kommt, wenn sie die Engel des Lichts regieren für immer.

Es steht geschrieben in Sirach über die Weisheit:

Alle Weisheit ist von Gott, dem Herrn und ist bei ihm ewiglich. Und hat die Weisheit ausgeschüttet über alles Fleisch nach seiner Gnade und gibt sie denen, so ihn lieben. Den Herrn fürchten (annehmen), ist die Wurzel der Weisheit. Die Weisheit erhöht die Kinder und nimmt sie auf, die sie suchen. Wer sie liebhat, der hat das Leben lieb; und wer sie fleißig sucht, wird große Freude haben. Wer ohne Falsch ist, der wird sie erlangen und seine Nachkommen werden gedeihen. Errette den, dem Gewalt geschieht, von dem, der ihm Unrecht tut; und sei unerschrocken, wenn du urteilen sollst. Die Bitte des Elenden schlage nicht ab und wende dein Angesicht nicht von den Armen. Bekenne das Recht frei, denn durch Bekenntnis wird die Wahrheit und das

Recht offenbar. Verteidige die Wahrheit bis in den Tod, so wird Gott der Herr für dich streiten. Deine Hand soll nicht aufgetan sein, immer zu nehmen, und zugeschlossen, immer zu geben. Vertraue keinem Freunde, du habest ihn denn erkannt in der Not. Sei gern bei den Alten; und wo ein weiser Mann ist, zu dem halte dich. Höre gern jegliches Wort Gottes und merke die guten Sprüche der Weisheit. Wenn du betest, so zweifle nicht. Wenn du betest, so mache nicht viel Worte. Rechte nicht mit dem Richter; denn man spricht das Urteil, wie er will. Den Frommen gibt Gott Güter, die da bleiben. Wer Gottes Gebot hält, der folgt seinem eigenen Kopf nicht.

11. Sitzung

Es gibt etwas, daß stärker ist als alle Armen der Welt - und das ist eine Idee, deren Zeit gekommen ist. (Voltaire)

Medium Anna befindet sich auf dem Weg zur Quelle des Lichtes und gibt erneut die Antworten auf meine Fragen vom Leben des Lebendigen.

H: Was heißt Christus?

M: Es ist der Name, den man Jesus gegeben hat um deutlich zu machen, daß er ein Christ war.

H: Welchen Namen trägt das Kind im Kelch aus meinem Traum vom 19.11.1992?

M: Es hat keinen Namen. Es ist nur ein Symbol.

H: Der Traum vom 06.06.1993 hat welche Bedeutung für mich?

M: Du hat deine Angst überwunden. Jetzt bist du bereit, den Weg zu gehen. (Der Traum war dieser: Auf meinem Balkon befand ich mich, als derselbe begann, über eine Schräglage abzubrechen, um anschließend in den Garten zu schweben. Ohne Panik gelangte ich rechtzeitig über die Stufe der Balkontür ins sichere Haus. Mein fester Entschluß war, einen neuen Balkon zu bauen und ihn durch zwei tragende Pfeiler abzusichern.)

H: Wann hört das Rad der Inkarnation, der Wiedergeburt, auf sich zu drehen?

M: Nie.

H: Was wird sein, wenn wir die letzte Erkenntnis erreicht haben?

M: Wir werden ein Leben in Frieden führen.
H: Wieviel Stufen der Erkenntnis gibt es?
M: Drei.
H: Wie heißen diese Stufen?
M: Die Stufen der Erkenntnis heißen: Heilen, Sehen und Wissen. Aber es gibt welche, die überspringen die zweite Stufe.
H: Auf welcher Stufe befinde ich mich zur Zeit?
M: Du befindest dich auf der Stufe des Heilenden und bist auf dem Weg ein Wissender zu werden. Für das Sehen hast du ein Medium.
H: Gibt es eine Energie, welche uns übernatürliche Kräfte verleiht?
M: Es gibt keine übernatürlichen Kräfte.
H: Was soll ich aus der jetzigen Situation lernen und was willst du mir zeigen?
M: Daß es schwer ist, daß Vertrauen der Menschen zu gewinnen und das nur der das Ziel erreicht, der die Hoffnung nicht aufgibt.
H: Wie kann ich die Hoffnung halten?
M: Du befindest dich zur Zeit in einem Tal aber bald geht es wieder bergauf.
H: Ist dein Wesen männlich und weiblich zugleich?
M: Nein, es ist geschlechtslos.
H: Sollen wir dich als Gott Vater und Gott Mutter verstehen?
M: Das Geschlecht spielt keine Rolle.
H: Bist du als Gott Vater "die Wahrheit"
Gott Mutter "der heilige Geist"
und Gott Jesus "die Liebe"
zu verstehen?
M: Er schüttelt den Kopf.
H: Wie sollen wir dich verstehen?
M: Als "die höchste Allmacht".
H: Sollen die Kinder des Lichtes, die Mächte der Finsternis entblößen, indem sie Wahrheit, Liebe und Gerechtigkeit verkünden?
M: Er nickt.
H: Wenn Jesus unfehlbar über diese Erde gehen konnte, dann muß er ein Teil von dir gewesen sein, ein Mensch gewordener Gott. Ist das so richtig?

M: Alles ist ein Teil von mir.
H: Aber es gibt keinen Menschen auf dieser Welt, der unfehlbar ist. Außer Jesus ging kein Mensch unfehlbar über diese Welt.
M: Sie werden lernen unfehlbar zu sein.
H: Das vierte Gebot sollen wir wie verstehen?
M: Die Gebote sind nicht von mir aufgestellt worden.
H: Wie empfing Moses die zehn Gebote?
M: Diese Geschichte beruht nicht auf Wahrheit. Sie sollte die Menschen nur dazu anhalten, sich an gewisse Regeln zu halten.
H: Du sagtest mir, daß ich in der siebenten Nacht erneut den Davidstern verkörpern werde. Das Wort "Nacht" hat welche Bedeutung bei dir?
M: In der siebenten Dunkelheit, in der du die Augen schließt und das Bewußtsein öffnest für ihn.
H: Kannst du mir einen Zeitpunkt nennen, wann es sein wird?
M: Er schüttelt den Kopf.
H: Wird es bald sein?
M: Er nickt.
H: Wie sollen wir die Auferstehung und Himmelfahrt Jesu verstehen?
M: Es war der Versuch der Menschen zu klären, was nach dem Tode mit einer gläubigen Seele passiert.
H: In welchem geheimen Wissen unterrichtete Jesus seine Jünger?
M: Es war kein geheimes Wissen. Es war dasselbe Wissen, das er jetzt dir vermittelt.
H: Warum wird Jesus nicht wiedergeboren?
M: Auch Jesus wird wiedergeboren aber erst zu Beginn der neuen Zeit.
H: Wie und als was erschien Jesus den Jüngern nach seinem Tode?
M: Gar nicht.
H: In welcher Beziehung stand Jesus zu Maria Magdalena?
M: Er war ihr Sohn.
H: Ist Maria mit Maria Magdalena gleichzusetzen?
M: Ja, so war ihr Name.
H: Wo wurde Jesus geboren?
M: In Nazareth.

H: Welche Beziehung hatte Jesus zu Qumran?

M: Lese beide Schriften noch einmal, dann wirst du die Verbindung finden.

H: War Jesus ein Essener?

M: Er schüttelt den Kopf.

H: Wurde Jesus nicht vor lauter Armut in einem Stall, gebettet in einer Krippe, zu Bethlehem geboren?

M: Er schüttelt den Kopf.

H: Ist das Bild von der Geburt Jesu, welches in den Kirchen als Krippenspiel dargestellt wird, falsch?

M: Es war symbolisch für die Besonderheit Jesus.

H: Wann wird die Gemeinde der Gläubigen geboren?

M: Es gibt sie schon und du bist schon ein Teil von ihr.

H: Welche Gemeinderegeln sind zu beachten?

M: Es gibt nur die Regeln: Liebe, Wahrheit und Frieden.

H: Wie und wodurch ist Weissagung möglich. Was ist Weissagung?

M: Es ist das Vermitteln seines Wissens über die Zukunft.

H: War Jesus vom 13. - 30. Lebensjahr auf Wanderschaft? War er in Griechenland, Ägypten, Persien, Indien und im Tibet?

M: Er nickt.

H: Wen lehrte er und mit wem diskutierte er über was?

M: Jedem der ihm zuhörte, versuchte er den Glauben an ihn zu übermitteln.

H: Werde auch ich auf Wanderschaft gehen um den Glauben an Dir anderen Menschen zu übermitteln?

M: Wenn du hier deine Arbeit erledigt hast, ja.

H: Wann habe ich hier meine Arbeit erledigt?

M: Es wird noch sehr lange dauern.

H: Wird man mir zuhören und mir glauben schenken?

M: Es werden viele sein, die dir zuhören, aber manchmal nur wenige, die dir glauben werden.

H: Was meinte Jesus, in dem er sagte: "Wer mein Leib nicht ißt und mein Blut nicht trinkt, kommt nicht ins Himmelreich."?

M: Damit ist gemeint, daß nur der geweiht wird, der die Stufe der Erkenntnis erreicht, die auch Jesus erreicht hat.

H: Das Kind in dem Traum vom 19.11.1992, ist es das Symbol des "Wissens"?

M: Er nickt.

H: Ist dieses Wissen (Kind) geboren aus der Vereinigung von Tag und Nacht?

M: Er schüttelt den Kopf.

H: Welche Bedeutung haben die zwei Frauen im Traum vom 19.11.1992?

M: Du mußt es selber herausfinden.

H: Der Baumstamm im Traum vom 19.11.1992, ist er das Symbol für die Stütze des Lebens?

M: Er schüttelt den Kopf.

H: Existieren in den Geheimarchiven des Vatikans weitere verborgene Schriften aramäischer Evangelien?

M: Er nickt.

H: Wann werden sie dem Suchenden zugänglich gemacht?

M: Wenn der übernächste Papst seinen Dienst antritt.

H: Wurde der Prophet Elia in Johannes des Täufers wiedergeboren? (Matthäus 11, 14-15)

M: Er schüttelt den Kopf.

H: Wie sollen wir die Karma-Lehre östlicher Religionen verstehen?

M: So, wie auch die Bibel und die Qumranrollen, bestehen alle diese Lehren aus vielen Geschichten, vielen Symbolen und ein wenig Wahrheit.

H: Hieß Jesus als Kind "Josuha", oder wurde er so gerufen?

M: Er schüttelt den Kopf.

H: Wen verkörpere ich in diesem Leben?

M: Er antwortet nicht.

H: Welche Bedeutung hat die goldene Stadt. Was symbolisiert sie?

M: Den Wunsch der Menschen nach Macht und Anerkennung.

H: Ist das Abbild Jesu auf dem Turiner Grabtuch echt? Wie kam das Negativbild zustande?

M: Es ist nicht echt.

H: Was ist Wahrheit? Wie und wodurch wird etwas wahr? Wodurch erkennen wir Wahrheit?

M: Wahrheit ist die Vereinigung von Wissen und Glauben.

H: Welche Bedeutung hat ein zeitweise hoher Ton im rechten bzw. linken Gehör? Hat er mir etwas zu sagen?

M: Er antwortet nicht.

H: Eine Konzentration am sogenannten dritten Auge, oberhalb der Nasenwurzel zeigt bei der Meditation was an?

M: Daß man bereit ist, seine Botschaften zu erhalten.

H: Der Traum vom 16.06.1993 hat welche Bedeutung für mich?

M: Es war die Erkenntnis, daß du ein Teil von dir geben mußt, um den Weg zu ihm zu gehen.

(Der Traum war dieser: Auf einem Kohlendampfer fuhr ich Stromaufwärts der Quelle entgegen. Vom Kohlenraum schüppte ich die Kohlen in den Brennraum, damit im Wasserkessel immer genügend Dampf vorhanden war, welcher das Schiff voran treiben konnte.)

H: Trifft es zu, daß Palmöl ein Deodorant für Kinder ist, wie ich es in einem Traum erfahren durfte?

M: Palmöl ist gut für die junge Haut und es riecht gut.

H: Welche Bedeutung hat der Horusfalke im Osiris Mythos?

M: Du kannst die Stufen der Erkenntnis nicht so schnell erklettern, wie du es gern möchtest. Deswegen kann er dir nicht auf alle Fragen antworten.

H: Ist Krankheit ein Folge von Sünde?

M: Er schüttelt den Kopf.

H: Sind Sakramente Heilszeichen?

M: Er schüttelt den Kopf.

H: Welche Sakramente gibt es? Wir kennen das heilige Mahl und die heilige Wassertaufe. Ist die Kommunion bzw. die Konfirmation auch eine heilige Handlung?

M: Es gibt keine Sakramente. Sie stammen nicht von ihm. Sie sind ein Dogma der Kirche.

H: Wie ist die Erbsünde zu verstehen?

M: Es gibt keine Erbsünde.

H: Die Wunder, die Jesus vollbrachte, waren sie so anzusehen, wie es geschrieben steht, oder waren sie Erfindungen der Menschen? Konnte Jesus über das Wasser gehen, Tote erwecken und Lahme gehend machen?

M: Jesus konnte heilen aber keine Wunder vollbringen. Er konnte auch nicht übers Wasser gehen.

H: Um was sollen wir dich bitten?

M: Um die Fähigkeit andere und ihn zu lieben.
H: Sollen wir beim Bitten uns bereits vorstellen, das Erbetene erhalten zu haben?
M: Er schüttelt den Kopf.
H: Welche Bedeutung hat das Wort "Amen"?
M: Ganz zu Anfang stand dieses Wort immer am Ende eines Gebetes und bedeutete: Ich danke dir dafür, daß du dem Gebet zugehört hast. Doch heute ist es überflüssig.
H: Warum ist das Wort "Amen" heute überflüssig?
M: Die Liebe, die man einem anderen schenkt, ist Dank genug für ihn.

In tiefer Ehrfurcht und Dankbarkeit über die Erkenntnis seiner Wahrheit verabschieden wir uns von dem Allwissenden und ich führe Anna wieder langsam ins Tagesbewußtsein.

Die Qumran-Rollen entschlüsselt (Teil 2)

Es steht geschrieben: Die Gesetze stellen das dar, wonach sie wandeln sollen, während der ganzen Zeit der Gottlosigkeit, bis der, der Gerechtigkeit ausschütten wird, am Ende der Tage aufstehen wird. Der Gerechte wird hier definitiv mit dem Zweig Davids identifiziert.
Ihm war der Bund des Königreiches Seines Volkes für immer gegeben. Er wird den Fels einnehmen, und er wird alle Amoriter von dort vertreiben, um den Tempel für den Herrn zu bauen, den Gott Israels. Er wird priesterlichen Dienst dort tun. Der Himmel wird für immer mit ihm sein.
Der Gerechte spricht die Worte: Ich unterweise euch meine Kinder und offenbare euch die Wahrheit meine Geliebten. Das Wesen jedes eurer Werke muß Wahrheit sein. Die Gerechtigkeit möge immer mit euch sein, und Wahrheit. Dann sollt ihr eine gesegnete und gute Ernte haben.

Der, welcher Gutes sät, erntet Gutes.

Und nun meine Kinder und Geliebten, lernt aus dem Buch, die Weisheit, und die Weisheit wird mit euch sein, als eine ewige Ehre. Der die Weisheit lehrt, wird ewige Ehre darin finden.

Lied: Lobe den Herren, den mächtigen König der Ehren! Meine geliebte Seele, daß ist sein Begehren. Kommet zu Hauf! Psalter und Harfe, wacht auf! Lasset den Lobgesang hören!

Lobe den Herren, der alles so herrlich regieret, der dich auf Adlers Fittichen sicher geführet, der dich erhält, wie es dir selber gefällt. Hast du nicht dieses verspüret?

Lobe den Herren, der künstlich und sein dich bereitet, der dir Gesundheit verliehen, dich freundliche geleitet. In wieviel Not, hat dich der gnädige Gott, über dir Flügel gebreitet.

Er, der Weisheit lehrt, alle Tage seines Lebens werden lang sein, und sein Ruf wird groß werden. In jedem Gebiet und in jedem Land, wohin er geht, hat er einen Bruder und ist nicht wie ein Fremder. Denn alle erweisen ihm Ehre dort, da jeder will von seiner Weisheit lernen. Weisheit ist ein großer Reichtum der Ehre für die, die sie kennen, und sie ist ein Schatz für jeden, der sie besitzt.

Du wirst die Leidenden aufnehmen und du wirst für sie ein Fundament deines Friedens herstellen. Nun erkläre ich dir Gleichnisse ... freue dich. Siehe, ein weiser Mann wird verstehen, daß ich sehend bin und tiefe Geheimnisse verstehe, so spreche ich Gleichnisse. Der Grieche (?) wird nicht verstehen. Aber die Kenntnis der Weisheit wird zu dir kommen, denn du hast empfangen ... folge ihr (der Weisheit) nach, und suche sie, und ergreife Besitz von ihr, um sie zu verschlingen. Siehe, du wirst froh machen ... viele werden einen Platz haben ... Er wird gesandt zu allen Söhnen seiner Generation. Sein Wort wird wie das Wort des Himmels sein, und seine Lehre wird dem Willen Gottes gemäß sein. Seine ewige Sonne wird herrlich leuchten. Die Feuer werden angezündet werden an allen Enden der Erde. Es wird über die Dunkelheit scheinen. Dann wird die Finsternis vergehen von der Erde.

Sie werden viele Worte sprechen gegen ihn. Sie werden beschämende Dinge über ihn sagen. Da werden viele Lügen sein. Sie werden Geschichten erfinden über ihn. Er wird seine böse Generation umstoßen, und da wird großer Zorn sein. Wenn er aufersteht, da wird Lüge und Gewalt sein, und das Volk wird vom Wege abkommen in seinen Tagen und wird verwirrt werden. ... und die, die Leiden an/über ... dein Urteil, aber du wirst nicht schuldig sein ... das Geißeln derer, die dich verletzen ... deine Klage ... wird nicht fehlschlagen. Gott wird die Irrtümer richtig stellen ... Er wird urteilen über offenbarte Sünden.

Finde heraus und suche und wisse, wie Jona weinte. Dann sollst du aufrichten für deinen Vater einen Namen der Freude und für alle deine Brüder ein festes Fundament. Du wirst sehen, und du wirst dich des ewigen Lichtes erfreuen, und du wirst keiner sein, der von Gott gehaßt wird. Und nun meine Söhne, seit wachsam über euer Erbe, das euch vererbt wurde, das eure Väter euch vererbt haben. Gebt euer Erbe nicht Fremden noch euer Vermögen gewalttätigen Männern, aus Furcht, daß ihr in ihren Augen niedrig und dumm seit und sie auf euch herumtrampeln, denn sie werden unter euch wohnen und eure Herren sein. Darum haltet fest an den Worten Jakobs, eures Vaters und seit stark in den Urteilen Abrahams und in der Gerechtigkeit Levis und meiner. So werdet ihr mir einen guten Namen geben unter euch, zusammen mit Freude für Levi und Fröhlichkeit für Jakob, Freuden für Isaak, und Seegen für Abraham, sofern ihr wachsam seit und wandelt in dem Erbe. Meine Söhne, eure Väter vermachten euch Wahrheit, Gerechtigkeit, Aufrichtigkeit, Redlichkeit, Reinheit, Heiligkeit und das Priestertum. Ich habe euch in Wahrheit gelehrt, jetzt und für alle Ewigkeit.

12. Sitzung

Medium Anna stellt erneut den Kontakt zum Allmächtigen in Tiefenhypnose her.

H: Welche Deutung hat der Traum vom 23.06.1993?
M: Es war ein Blick in deine Zukunft. Du mußt Vorbild sein. Du mußt zeigen, daß du dich vom Bösen nicht anfechten läßt und du mußt denen helfen, die auf den falschen Weg geraten.
H: Warum war ich im Traum vom 23.06.1993 so ohnmächtig und hilflos dem Bösen gegenüber?
M: Du vertraust noch nicht deiner eigenen Kraft.

Der Traum vom 23.06.1993 (wurde dem Medium nicht erzählt): Es war in einer Kirche, als meine Hunde (Freunde) spielend die rechteckige Kirchturmtreppe hinaufjagten. Geraume Zeit später liefen die Hunde, verfolgt von einem großen Mann mit häßlicher Fratze, die Treppe verstört und winselnd hinab. Um den Angreifer abzuwehren, stellte ich mich mutig vor dem Mann in Position und griff ihn mit meiner rechten Faust an, welche wie ein Geschoß ins Leere traf. Der Mann entpuppte sich als ein Geist ohne Manifestation. Er besaß keinen irdischen Körper, den man hätte treffen können. Der Geist durchrannte mich wie Nebel. Ich war ohnmächtig vor Hilflosigkeit.

H: Von welchen Leidenschaften müssen wir uns lösen?
M: Von der Leidenschaft nach Geld und Macht zu streben und von der Leidenschaft Gewalt auszuüben.
H: Welche Bedeutung hat folgendes Zitat: Wer mich sucht, den töte ich; wer mich liebt, den prüfe ich; wer mich flieht, den verbrenne ich im Feuer der Leidenschaft?
M: Es ist nur sinnbildlich gemeint. Wer Ihn immer sucht, der glaubt nicht wirklich an Ihn, denn sonst wüßte er, daß er Ihn in sich trägt.
H: Du sagst, du bist in allem. Wie meinst du dieses?
M: Er antwortet nicht.
H: Welche Wirkung hat Bernstein auf die Lebensenergie in unserem Organismus?
M: Keine.
H: Welches Geheimnis verbirgt der Bernstein?
M: Der Bernstein hat eine warme Farbe und er glänzt schön. Deswegen glauben die Menschen an ihn und das ist es, was wirkt.
H: Wie und womit läßt sich der Durchfluß von Deiner Lebensenergie, die Heilkraft steigern?
M: Durch eine Meditationssitzung. Du sollst dir vorstellen eine Waage zu sein, die hin und her pendelt. Versuche das Gleichgewicht zu finden. Versuche den Mittelpunkt zu finden und konzentriere dich auf diesen Punkt.
H: In der ägyptischen Mythologie steht geschrieben: Das letzte Geheimnis des Osiris, König der Toten, der neu zum Leben erweckt wurde, war dies: Menschen sind sterbliche Götter und die Götter unsterbliche Menschen. Glücklich, wer den Sinn dieser Worte erfaßt, denn er besitzt den Schlüssel zu allem. Kannst du uns den Schlüssel des Mythos enträtseln?
M: Nein, denn es ist ein Irrglauben.
H: Wie hast du die Welt erschaffen?
M: Sie ist von selbst entstanden.
H: In der Schöpfungsgeschichte wird berichtet, daß du in sechs Tagen die Welt erschaffen hast. Am siebenten Tag

aber ruhtest du dich aus. Du weihtest den 7. Tag als Ruhetag. Sollen wir den Sabbat, bzw. Sonntag heiligen?

M: Die Schöpfungsgeschichte ist nur eine Erfindung und je der Tag sollte heilig sein.

H: Du sagst: Die Auserwählten werden überall bewahrt bleiben. Meinst du hiermit ihre Seele oder auch ihren Körper?

M: Beides.

H: Auch Jesus war ein Auserwählter. Warum mußte er am Kreuz sterben?

M: Er wollte der Welt zeigen, wie stark sein Glaube war und wollte anderen damit den Weg weisen.

H: Müssen die Gerechtgewordenen die Ungerechtigkeit erst erfahren und durchleben?

M: Er nickt.

H: Sollen wir im Schweiße unseres Angesichts, daß tägliche Brot verdienen?

M: Jeder soll seinen Fähigkeiten entsprechend arbeiten.

H: Müssen wir der Obrigkeit, dem Staat dienen? Auch durch den Dienst an der Waffe?

M: Er schüttelt den Kopf.

H: Welches geistige Ziel schenkst du in der heutigen Zeit den Menschen?

M: Sie sollen das Ziel haben, den Haß abzubauen.

H: Wodurch werden wir unrein?

M: Durch die Mißachtung seines Gebotes der Liebe.

H: Auf was soll die Dreizahl von Königen bei der Geburt Jesu hinweisen?

M: Ein Gebot für die Dreieinigkeit, die es nicht gibt.

H: Tat sich das Meer vor den Kindern Israels auf, so das sie trockenen Fußes hindurchgehen konnten?

M: Er schüttelt den Kopf.

H: Wie verträgt sich materieller Reichtum mit spirituellem Reichtum?

M: Manchmal kommt das Geld zu einem Menschen, obwohl er dem nicht hinterher jagt.

H: Welche Art von Wünschen erfüllst du uns, wenn wir dich darum bitten?

M: Bitten, die nicht aus purem Eigennutz gestellt werden.

H: Hat sich der Mönch Dionysius Exiguus, welcher die christliche Zeitrechnung (n. Chr.) aufgestellt hat, verrechnet?

M: Ja, um 7 Jahre.

H: In welchem Jahrhundert n. Chr. Zeit, und an welchem Tag, in welchem Monat, wurde Jesus geboren? Wie ist sein Geburtsdatum?

M: Tag und Monat stimmen. Aber es war 7 Jahre vor der christlichen Zeitrechnung.

H: Wann und wo wurde das Weihnachtsfest zum ersten Mal gefeiert?

M: Daß man das Weihnachtsfest so feiert, wie man es heute tut, stammt aus dem 18. Jahrhundert. Vorher hat man den Tag nur geehrt.

H: Ist die Monogamie in der Ehe von dir gewollt?

M: Er schüttelt den Kopf.

H: Hatte Jesus eine Ablehnung zu familiären Bindungen?

M: Er schüttelt den Kopf.

H: Wodurch bestritten Jesus und seine Jünger ihren Lebensunterhalt?

M: Die Menschen, die ihren Predigten zuhörten, unterstützten sie mit Almosen.

H: Trachtet zuerst nach dem Reiche Gottes. Sorgt euch nur, daß ihr euch seiner Herrschaft unterstellt, dann wird er euch mit all dem anderen versorgen. Gilt das Wort heute für uns Menschen immer noch?

M: Er schüttelt den Kopf.

H: Jesus sagte: Wer sich mir anschließen will, der muß bereit sein, mit Vater und Mutter zu brechen, ebenso mit Frau und Kindern, Brüdern und Schwestern. Wie meinte er dieses?

M: Wenn die Umwelt vom Bösen befallen ist und man ihr nicht mehr helfen kann, dann muß man sich auch von ihr lösen können.

H: Darf Sexualität nur in der Ehe erlebt werden?

M: Er schüttelt den Kopf.

H: Wie sollen wir mit Sexualität umgehen?

M: Sexualität gehört zum Lieben dazu.

H: Ist die Ehegemeinschaft, so wie sie heute von der Kirche gefördert und vom Staat abgesichert wird, von dir gewollt?

M: Er schüttelt den Kopf.
H: Wie soll die Ehegemeinschaft nach deinem Willen aussehen?
M: Es sollen dadurch Menschen verbunden werden, die eine besondere Beziehung zueinander haben, die alles gemeinsam erleben wollen. Die sich auch später einmal gemeinsam umeinander kümmern. Das schließt aber nicht aus, das man auch andere lieben kann.
H: Auch sexuell?
M: Solange niemand dabei verletzt wird, ist es in Ordnung.
H: Warum zerfallen in der heutigen Zeit so viele Ehen?
M: Der Druck, in einem vorgefertigten Schema leben zu müssen, wird für viele zu groß.
H: In den Schriftrollen Qumran wird der Jakobsstern erwähnt, der mit dem Messias, den die Qumrangemeinde erwartet, in Verbindung gebracht wird. Wie heißt der gerechtgewordene Lehrer?
M: Er antwortet nicht.
H: Welche Aufgabe hat der aus dem Stamme Isaak geborene?
M: Er ist zornig über dich.

Erklärung für die Suchenden: Gott erzürnte auf eine Frage, dessen Antwort er mir indirekt schon einige Male gab. Den Namen des Gerechtgewordenen wird er zu dieser Zeit nicht aussprechen, denn er weiß, daß ihr ihn noch nicht annehmen würdet. Ich bat Gott anschließend um aufrichtige Verzeihung und um Vergebung meines letzten Zweifels.

H: Welchen Rat gibst du mir heute?
M: Du sollst dein Leben und deine Umwelt in Frage stellen, nicht ihn.
H: Hatte ich eine Beziehung zu Martin Luther?
M: Er schüttelt den Kopf.
H: Wird der Glauben durch mich reformiert?
M: Er nickt.
H: Warum war ich im Traum vom 23.06.1993, obwohl ich gegen das Böse gekämpft habe, so ohnmächtig?
M: Weil du dir deiner Kraft noch nicht bewußt bist.
H: Warum wurde den Gläubigern, Verfechtern und Eiferern deines Gesetzes so viel Leid angetan?

M: Auch das Böse hat seine Mittel zu kämpfen.
H: Um den Gehorsam von Abraham zu prüfen, befahlst du ihm, seinen einzigen Sohn dir brandzuopfern?
M: Er schüttelt den Kopf.
H: Wird Schwangerschaftsverhütung, so wie sie über mechanische, chemische und hormonelle Art praktiziert wird, von dir für gut geheißen?
M: Er nickt.
H: Welche Methoden sollen wir zur Verhütung nicht anwenden?
M: Den Coitus interruptus.
H: Müssen und sollen wir aus Nächstenliebe unsere Organe nach dem Tode für kranke Menschen spenden?
M: Er nickt.
H: Sollen wir uns an Krebsgeschwüren operieren und behandeln lassen über Herausnahme des erkrankten Gewebes?
M: Er nickt.
H: Auch, wenn solche Operationen unser Leiden nur verlängern würde?
M: Nein, nur wenn eine reelle Chance gegeben ist.
H: Wie, womit und wodurch kann ich körperliche Schmerzen heilen bzw. lindern?
M: Durch die Energie, die durch dich hindurchfließt.
H: Soll ich die Energie durch das Auflegen der Hände spenden oder sollen die Hände nur den Ätherkörper berühren?
M: Das kommt auf den Patienten und die Erkrankung an.
H: Welche Magie liegt der Zahl 7 zugrunde?
M: Keine
H: Ist das Symbol des Baumstammes im Traum vom 19.11.1992 die Erkenntnis?
M: Er schüttelt den Kopf.
H: Symbolisiert der Baumstamm das Leben?
M: Er schüttelt den Kopf.
H: Was zeichnet Menschen aus, die in Trance Zugriff zum universellen Wissen haben?
M: Es sind besondere Menschen.
H: Können Tumore von gut- und bösartigem Charakter über Verzicht von tierischen Produkten erfolgreich therapiert

werden? Kann hierdurch ihr Ende weit hinausgeschoben werden?

M: Er schüttelt den Kopf.

H: Was bedeutet Güte?

M: Immer zu geben und über die Fehler der anderen hinwegzusehen.

H: Ist Wissen ohne Güte nutzlos?

M: Er nickt.

H: Was wollte uns Albert Einstein lehren, in dem er sagte: Alles was wir tun müssen, ist nichts zu tun?

M: Albert Einstein war der Auffassung, daß alles von alleine passiert. Daß die Erde sich auch so dreht und die Äpfel auch so wachsen.

H: Welche Bedeutung kommt dem Erstgeburtssegen zu. Was heißt Erstgeburtssegen und warum wird er nur einmal gegeben?

M: Er antwortet nicht.

H: Warum werden wir immer wiedergeboren?

M: Ein Leben reicht nicht aus, um ans Ziel zu kommen.

H: Haben wir über Lebenshygiene Einfluß auf unser Alter?

M: Er nickt.

H: Müssen wir fasten durch Verzicht auf Lebensfreude?

M: Er schüttelt den Kopf.

H: Wie können wir aus Trennung, Freude empfinden?

M: Er antwortet nicht.

H: Wodurch erfahren manche Menschen am Ende ihrer Zeit, im Sterbeprozeß, völlige Schmerzfreiheit?

M: Weil ihre Seelen schon auf dem Weg zu mir sind.

H: Wie können wir den Sterbenden helfen?

M: Wir können beistehen, ihnen zuhören und ihnen Trost spenden.

H: Welches Geheimnis verbirgt der Tod?

M: Ob die Seele wiedergeboren wird oder nicht.

H: Wäre es für Menschen, die das Ziel nicht erreichen, nicht besser, wenn sie nie gelebt hätten?

M: Damit hinterfragst du ihn und den Sinn des Lebens.

H: Wie können wir erfahren, welchen Stellenwert wir bei dir haben?

M: Anhand der Zeichen, die er den Menschen gibt.

Die Qumran-Rollen entschlüsselt! (Teil 3)

Gesetzliche Fragen: Dies sind einige unserer Worte betreffs des Gesetzes (der Thora) Gottes, daß heißt einige der Werke, die wir dir zur Rechtfertigung anrechnen.

Alle von ihnen haben mit heiligen Geschenken zu tun. Betreffs der Bäume, die für die Nahrung gepflanzt werden im Land Israel (die Frucht des vierten Jahres), ist entsprechend dem Opfer der Erstlingsfrucht und gehört den Priestern. Ebenso gehört "**der Zehnte**" des Viehs und der Schafe den Priestern. Die Kleidung eines Mannes betreffend steht geschrieben: Sie soll nicht von gemischtem Gewebe sein; und niemand soll sein Feld oder seinen Weinberg mit gemischten Früchten bepflanzen. Vermischen ist verboten, weil das Volk heilig ist, und die Söhne Aarons sind die heiligsten der Heiligen.

Ihr wißt, daß jeder, der ungewollt sündigt, der ein Gebot bricht, und dem vergeben ist, Sündopfer darbringen muß (aber sie tun es nicht). Vergebung der Sünden wird im Suchen der Thora gefunden, daß durch das "Tun" dieser Werke des Gesetzes, wie gering sie auch sein mögen, es dir zur Gerechtigkeit angerechnet werden wird. Als Ergebnis wirst du dich vom Rat des Belial (Bösen) ferngehalten haben und am Ende der Zeit wirst du dich freuen.

13. Sitzung

H: Die Druggelter Kapelle erfüllte einst welchen Zweck?
M: Sie bot den Suchenden Hilfe und Zuflucht.
H: War sie immer eine Kapelle?
M: Er nickt.
H: Welchen Zweck erfüllt die Kapelle heute?
M: Auch heute noch suchen dort Menschen Trost.
H: Ist die Druggelter Kapelle, wie Stonehenge, eine Art riesiger Uhr, ist sie ein prähistorisches Observatorium?
M: Er schüttelt den Kopf.
H: Deuten die 12 Säulen im Kreis auf die 12 Apostel hin?
M: Er nickt.
H: Tragen die 12 Apostel, symbolisiert durch die 12 Säulen, die Last der Menschheit, symbolisiert durch das Pyramidendach der Kapelle, auf ihren Schultern?
M: Er nickt.

H: Welche Bedeutung fällt den zwei starken Rundsäulen im inneren Kreis zu?
M: Du weißt es.
H: Kannst du mir die Erkenntnis aus meinem Wissen schenken?
M: Du hast diese Säulen schon einmal in einem Traum gesehen. Du weißt, was sie bedeuten, du mußt dich nur erinnern.
H: Sind diese Säulen die beiden Frauen aus dem Traum vom 19.11.1992?
M: Er nickt.
H: Ist der Baumstamm aus dem selben Traum vom 19.11.1992 der Tod?
M: Er nickt.
H: Ist das Kind, als Symbol des Wissens, in dieser Kapelle geboren worden?
M: Er schüttelt den Kopf.
H: Was spüre ich zwischen den beiden starken Rundsäulen in der Kapelle und was erfahre ich an diesem Ort?
M: Du spürst die Empfindung von Menschen, die vor dir dort waren.
H: Wie kann ich sicher sein, dem Hilfesuchenden das zu reichen, was er zur Zeit am dringendsten benötigt?
M: Du mußt dich von deinen Gefühlen leiten lassen. Du wirst spüren, was der andere braucht.
H: Können wir den Prophezeiungen des Sehers Nostradamus Glauben schenken?
M: Er schüttelt den Kopf.
H: Sind die Prophezeiungen nicht von Nostradamus?
M: Es waren nur Auswüchse seiner Phantasie. Einige Voraussagen stimmten aber die meisten nicht.
H: Die beiden starken Säulen, im Traum vom 19.11.1992 als zwei Frauengestalten, sollten mir was sagen bzw. verkünden?
M: Es sind die zwei Welten, zwischen denen du wählen mußt.
H: Werde ich die rechte Wahl treffen?
M: Er nickt.
H: Werde ich genügend Heilsuchende Heil schenken dürfen, um in diesem Beruf existieren zu können?

M: Du hast das Tal durchschritten und fängst jetzt an den Berg zu besteigen.

H: Wie wodurch erlange ich die Erkenntnis aus meinem verborgenem Wissen wieder?

M: So langsam, Schritt für Schritt, über die Meditation wird dein Unterbewußtsein dein Wissen wieder freigeben.

H: Wie hieß die Seele in der Vergangenheit, welche heute durch mich wirkt und arbeitet. Die durch mich den Glauben reformiert?

M: "Hans Klotz"

H: Im vierten Buch Esra steht über welche Kirche geschrieben und was hat dieses uns zu sagen?

M: Es ist die Kirche der Gläubigen. Es ist keine bestimmte Konfession, sondern einfach nur Gläubige.

H: Ist es die Kirche, die jetzt entsteht, durch das Wissen, welches im Buch "Weg ins Licht" offenbart wird?

M: Er nickt.

H: Welche Menschen sind fähig in Trance zu gehen um dein Wort, den Heilenden zu übermitteln?

M: Es sind besondere Menschen. Er sucht sie aus.

H: Welche Botschaft soll uns die Cheops-Pyramide in Gizeh übermitteln?

M: Daß alles Leben wiederkehrt.

H: Ist der untere Teil der Pyramide nur theoretisch angenommen? Ist der obere Teil des Oktaeders die materielle Ebene und der untere Teil des Oktaeders die geistige Ebene?

M: Er nickt.

H: Ist der Mittelpunkt der Pyramide auch gleichzeitig der therapeutische Punkt, wo die Heilungsenergie konzentriert fließt?

M: Er nickt.

H: Wieviel mal ist die Welt schon untergegangen?

M: Die Welt kann nicht untergehen, da sie nicht schwimmt.

H: Wie oft wurde Mensch, Tier und Pflanze auf dieser Erde ausgerottet?

M: Es sind Rassen und Arten ausgestorben, aber komplett vernichtet noch nie.

H: Hat sich die Geschichte von der "Arche Noah" so zugetragen, wie es geschrieben steht?

M: Er schüttelt den Kopf.

H: Warum leben zur Zeit so viele Menschen auf dieser Erde. Warum explodiert die Weltbevölkerung?

M: Weil das Böse stark umgegriffen und sich vermehrt hat.

H: Du sagst für 1995 eine große Flut voraus. Das Meer wird über die Ufer treten. Hängt dieses Ereignis mit der Erwärmung der Atmosphäre und dem daraus resultierenden Abschmelzen der Polkappen zusammen?

M: Er nickt.

H: Welche systematische Planung liegt dem Pyramidenbau zugrunde?

M: Er antwortet nicht.

H: Wieviel Quadratmeter Grundfläche einer Pyramide benötigt man, um die Heilenergie auf einen Menschen wirken zu lassen?

M: Die Grundfläche sollte mindestens das 20fache seiner Größe darstellen.

H: Sollen wir in der heutigen Zeit Pyramiden bauen um Menschen zu heilen?

M: Er schüttelt den Kopf.

H: Du sagst, die Friedensburg ist die Quelle meiner Kraft und ich werde dir dort am nächsten sein. Meinst du dieses symbolisch oder realistisch?

M: In Wirklichkeit.

H: Welche Aufgabe habe ich in der Friedensburg?

M: Du hast dort keine Aufgabe. Du wirst dort geweiht werden.

H: Zu was werde ich in der Friedensburg geweiht?

M: Zu einem Sehenden.

H: Wird das sein, bevor ich ein Wissender werde?

M: Er nickt.

H: In welchem Jahr wird das sein?

M: Wenn die Zeit dafür gekommen ist.

H: Woher kamen die Pharaonen?

M: Es waren Menschen mit besonderen Fähigkeiten, die dafür von ihrem Volk für Könige gehalten wurden.

H: Welches Geheimnis verbergen die Osterinseln?

M: Keines.

H: Was sagt uns folgendes Zitat: Wer die Weisheit sucht, wird sie verlieren, wer sie lebt, der findet sie. Ich bin, du bist, es ist.

M: Man muß die Weisheit nicht nur finden und suchen, man muß halt danach leben. Dann existiert man.

H: Wie bestatten wir am Ende der Lebenszeit einen verfallenen Körper würdig?

M: Wir übergeben ihn der Erde.

H: Sollen wir die Feuerbestattung meiden?

M: Er schüttelt den Kopf.

H: Ist die Feuerbestattung genauso würdig wie die Erdbestattung?

M: Wenn die Asche der Erde übergeben wird.

H: Sind es elektromagnetische Störungen im Bermudadreieck, welche Schiffe und Flugzeuge navigationsunfähig werden läßt, welche die Kompaßnadel rotieren läßt?

M: Er schüttelt den Kopf.

H: Welche Energie sorgt für das geheimnisvolle Verschwinden von Fluggeräten und Schiffen im Bermudadreieck?

M: Er hat dir darauf schon geantwortet.

H: Das phosphoreszierende weiße Wasser der Bahama-Inseln, nahe der Westgrenze des Sargasso-Sees, läßt uns was erahnen?

M: Es hat natürliche Ursachen.

H: Was sind Erdstrahlen. Woher kommen und wie entstehen sie? Welchen Einfluß haben sie auf unseren Körper?

M: Sie entstehen durch magnetische Felder in der Erde. Aber nur äußerst sensible Menschen spüren sie. Sie haben keine Auswirkungen.

H: Sind Wünschelrutengänger Scharlatane?

M: Nicht alle.

H: Entstehen magnetische Felder über Kreuzungen von Wasseradern?

M: Er schüttelt den Kopf.

H: Haben Erdstrahlen mit Wasseradern überhaupt nichts miteinander zu tun?

M: Nein.

H: Welchen Zusammenhang gibt es zwischen Erdstrahlen und Zwiewuchs oder Krebs bei Bäumen?

M: Keinen.

H: Wodurch werden Bäume krank, warum tragen manche keine Frucht. Welche Ursache liegt diesem Phänomen zugrunde?

M: Es liegt an der Qualität des Bodens.

H: Können wir uns auf natürliche Art vor Röntgenstrahlung, radioaktiver Strahlung schützen?

M: Es gibt keinen Schutz davor.

Nach einem "Danke" verabschieden wir uns vom Allwissenden und beenden die Sitzung.

Das Evangelium der Essener

Liebe ist geduldig und ewig. Liebe ist gütig und nicht neidisch, schafft nichts Böses, kennt keinen Stolz, sie ist weder grob noch selbstsüchtig, bleibt gegenüber Ärger gelassen und stellt kein Unheil vor, fällt nicht in Ungerechtigkeit, sondern erfreut sich der Gerechtigkeit. Liebe verteidigt alles, Liebe hofft alles. Liebe erträgt alles; sie erschöpft sich nie; doch Worte allein werden vergehen, und Wissen wird verschwinden.

Denn wir haben nur teilweise Wahrheit und teilweise Irrtum, doch wenn die Fülle der Vollkommenheit gekommen ist, wird alles Unvollkommene ausgelöscht. Aber noch sehen wir durch trübes Glas, noch haben wir nur Teilwissen. Wahrlich ich sage euch, spricht Jesus, niemand kann glücklich sein, außer er hält das Gesetz. Friede sei mit euch. Laßt all eure Taten ein Opfer für Gott sein. Gehorcht darum den Worten Gottes: Seht ich habe euch alle Pflanzen der ganzen Erde, die Samen tragen, gegeben, und alle Bäume mit Früchten, die Samen bringen, zu eurer Speise. Und jedem Tier der Erde und jedem Vogel in der Luft und allem Gewürm, das auf der Erde kriecht, das mit dem Atem des Lebens belebt ist, habe ich jedes grüne Kraut zur Nahrung gegeben. Auch die Milch von allem, was sich bewegt und auf der Erde lebt, soll Speise für euch sein, so wie ich die grünen Kräuter ihnen gegeben habe, gebe ich euch ihre Milch. Aber das Fleisch und das Blut, das es belebt, sollt ihr nicht essen. Und gewiß werde ich euer fließendes Blut fordern, euer Blut worin eure Seele ist.

Tötet weder Mensch noch Tier, noch die Nahrung, die euer Mund aufnimmt. Denn wenn ihr lebendige Nahrung eßt, wird sie euch beleben, aber wenn ihr eure Nahrung tötet, wird euch die

Nahrung ebenfalls töten. Denn Leben kommt nur vom Leben, und vom Tod kommt nur Tod.

Du sollst keinem lebendigen Wesen das Leben nehmen. Leben kommt allein von Gott, er gibt es und er nimmt es. Du sollst die Liebe nicht entweihen. Es ist die heilige Gabe des himmlischen Vaters. Und der Herr sprach und sagte: Nur die Kinder des Lichts können den Geboten des Gesetzes folgen. Die Augen zum Himmel zu heben, wenn die Augen aller Menschen zur Erde gerichtet sind, ist nicht leicht. An den Füßen der Engel zu beten, wenn alle Menschen nur Ruhm und Reichtum ehren, ist nicht leicht. Aber das schwerste von allem ist, die Gedanken der Engel zu denken, die Worte der Engel zu sprechen und wie die Engel zu handeln.

Und wenn ein Mann sagt, ich liebe den Himmelsvater, aber hasse meinen Bruder, ist er ein Lügner, denn wer seinen Bruder nicht liebt, den er sehen kann, wie kann der seinen Vater lieben, den er nicht sieht? So erkennen wir die Kinder des Lichts: Sie wandeln mit den Engeln der Liebe, denn sie lieben den Himmelsvater und sie lieben ihre Brüder und halten das heilige Gesetz. Liebe ist stärker als der Tod, und die heilige Weisheit, die Erkenntnis, die sich fortwährend wie eine heilige Schriftrolle entfaltet, kommt nicht durch lernen.

Alle Weisheit kommt vom himmlischen Vater, und ist für immer mit ihm. Warte nicht, daß der Tod das große Geheimnis enthüllt. Wenn ihr euren Himmelsvater nicht kennt, solange eure Füße im Staub gehen, wird es für euch nichts als Schatten im künftigen Leben geben. Hier und jetzt wird das Geheimnis enthüllt. Der Geist der Faulen ist voll vom Unkraut der Unzufriedenheit. **Was ihr sät, werdet ihr ernten**. Die Saat der Gewalt kann nur eine Ernte der Verzweiflung hervorbringen. Wo Frieden regiert, da ist weder Hunger noch Durst. Frieden wohnt im Herzen der Stille, denn die ehrbare Arbeit demütiger Hände ist ein tägliches Dankgebet. Wer das Brot der Faulheit ißt, muß des Hungers sterben, denn ein Feld von Steinen kann nur Steine hervorbringen.

14. Sitzung

In den Qumranrollen steht geschrieben: Der Maskil (Lehrer) hat die Aufgabe, "den Söhnen des Lichts" (den Söhnen der Morgendämmerung), die Wege des Lichtes bekannt zu machen und sie zu lehren und ihnen aufzuzeigen, wie sie unter die Vollkommenen gerechnet werden können, wozu wie es scheint auch Rechtfertigung, Werke und ähnliches gehören. Insbesondere soll er sie in der Taufe unterweisen, wozu es gehört, durch den heiligen Geist gereinigt zu sein, auf das Licht des Lebens zu schauen.

Nachdem ich Anna hypnotisiert und den Kontakt zum Allwissenden hergestellt habe, dürfen wir erneut mit ihm kommunizieren.

H: Was steht in den noch verborgenen Schriftrollen aus Qumran? Auf welches Ereignis weisen sie hin?

M: In ihnen ist das Ende der alten Zeit und der Beginn der neuen Zeit beschrieben.

H: Kannst du uns das näher erklären?

M: Er schüttelt den Kopf.

H: Können wir die angekündigten Katastrophen abwenden?

M: Er schüttelt den Kopf.

H: Welche Verantwortung trage ich für die Auserwählten?

M: Die Zeit für diese Frage ist noch nicht reif.

H: Kann ich mich aus der Verantwortung zurückziehen?

M: Er schüttelt den Kopf.

H: Du sagst, den Inhalt aus dem 4. Buch Esra wüßte ich. Kannst du ihn mir trotzdem erzählen?

M: Er antwortet nicht.

H: Was heißt im 4. Buch Esra "die neue apostolische Kirche"? Welche Bedeutung fällt diesem Hinweis zu?

M: Mit "neue Apostolen" waren die Gläubigen dieser Kirche gemeint.

H: Was hat die Gemeinde der Gläubigen mit den "neuen Apostolen" zu tun?

M: Die "neue apostolische Kirche" kommt der Form der Gemeinde der Gläubigen am nächsten.

H: Was hat der Davidstern uns heute zu sagen und wann wurde er zum ersten Mal erwähnt? Auf welches Ereignis weist er hin?

M: Die Menschen hielten Sterne schon immer für etwas besonderes, weil sie meinen, daß ist der Ort, wo auch er ist.

H: Du sagst, das Gefäß ist ein Mensch, der dich eine Zeit lang begleitet und dir Liebe bringt. Welchen Namen hat das Gefäß?

M: Du weißt wer es ist. Du hast das Gefäß selber schon mit Namen betitelt.

H: Du sagst, das Gefäß wird nicht mit mir in der Quelle arbeiten.

M: Tut es auch nicht in dieser Form.

H: Wo wohnte Hans Klotz? Werde ich die Vergangenheit wiederfinden?

M: Deine Aufgabe ist nicht die Vergangenheit sondern die Zukunft.

H: Wann darf ich in der Friedensburg Einkehr halten?

M: Sehr bald schon.

H: Werde ich in der Friedensburg wohnen?

M: Er schüttelt den Kopf.

H: Welcher Verwendungszweck fällt der Friedensburg zu? Wird aus ihr eine Klinik oder ein Hotel?

M: Er antwortet nicht.

H: Wie sieht die Mobilität in naher Zukunft aus?

M: Es wird neue Techniken und neue Kraftstoffe geben.

H: Dürfen wir hierüber näheres erfahren?

M: Dieses Wissen muß ein anderer verbreiten.

H: Gibt es eine Verbindung zu meinem Bruder?

M: Er nickt.

H: Wie heißt mein Bruder?

M: Dein geistiger Bruder heißt Klaus und in einiger Zeit wirst du Verbindung mit ihm aufnehmen können.

H: Ist Stonehenge eine astronomische Uhr?

M: Er nickt.

H: Basieren die publizierten Marienerscheinungen auf Wahrheit?

M: Ja, er ist erschienen. In welcher Form, das hängt von dem Glauben ab.

H: Was heißt Religion?

M: Religion ist die Lehre von Gott.

H: Wie heißt die neue Religion, die sich durch die Gemeinde der Gläubigen offenbart?

M: Sie hat keinen Namen.

H: Was heißt: Zusammen sind wir wie eine Wolke?

M: Zusammen sind wir stark genug, über den Dingen zu schweben und Grenzen zu überschreiten.

H: Stellen Ufo's eine potentielle Gefahr dar?

M: Er schüttelt den Kopf.

H: Wie hoch war die Technik in der Vergangenheit entwickelt? Kannte man den Laser? Wie wurden Nachrichten übermittelt? Welche Möglichkeiten der Fortbewegung kannte man?

M: Die Technik hat sich ganz langsam entwickelt. Die Menschen brauchten viel Zeit dafür.

H: Speiste Jesus 4000 Menschen mit 7 Broten und 7 Fischen?

M: Er schüttelt den Kopf.

H: Soll ein Thema aus der Kommunikation mit dir vorab in einer Zeitschrift veröffentlicht werden?

M: Er schüttelt den Kopf.

H: Ist es richtig: Heil geschieht durch die Heilenden, aber die Heilenden können nicht heilen?

M: Nicht aus sich selbst, sondern durch ihn.

H: Auf welcher Ebene des Körpers sollen wir heilen?

M: Über die Seele.

H: Du sagst du bist in allem. Bist du in allem Lebendigen. Bist du die wachsende Liebe in allem Lebendigen?

M: Er nickt.

H: Und wo die Liebe nicht wächst und weitergegeben wird, da ist Stillstand und später der ewige Tod?

M: Er nickt.

H: Welche Aufgabe obliegt den Ärzten?

M: Sie helfen bei reinen Schädigungen des Körpers, die nicht durch die Seele verursacht sind.

H: Wie verändern sich Menschen äußerlich und innerlich, in denen zwar die Liebe wächst, aber nicht weitergegeben wird?

M: Äußerlich sieht man es ihnen nicht an, aber sie werden unruhig, unausgeglichen und aggressiv gegenüber ihrer Umwelt.

H: Wie verändern sich Menschen physisch und psychisch, die Liebe zwar weiterleiten, aber nicht fähig sind, Liebe in sich wachsen zu lassen?

M: Nur wer die Liebe in sich trägt, kann sie weitergeben.

H: Müssen und sollen wir manchmal Gesetze brechen um ein Menschenherz nicht zerbrechen zu müssen?
M: Er nickt.
H: Wem sollen und dürfen Menschen ihre Sehnsüchte, Hoffnungen, Gefühle und Träume anvertrauen?
M: Ihm.
H: Sollen die Menschen ihre Wünsche und Träume opfern, wenn sie hierdurch einem anderen wehtun müßten?
M: Er nickt.
H: Wer wird durch die Wahrheit deiner Worte, in diesem Buch niedergeschrieben, um seine Legitimation fürchten müssen?
M: Die ganze Institution Kirche.
H: Wem hilft die verkündete Botschaft aus der Niederschrift des Buches "Weg ins Licht"?
M: Allen Suchenden.
H: Aus welchen Zwangsstrukturen des Lebens müssen wir uns befreien, um unseren Weg gehen zu können?
M: Aus keiner. Es gibt keine Struktur, die einen Menschen daran hindern könnte, zu ihm zu finden.
H: Warum mußten die Gläubigen 2.000 Jahre auf diese ungefilterte Botschaft warten?
M: Es gibt für alles seine Zeit und jetzt ist sie gekommen.
H: Haben die meisten Menschen in 2000 Jahren nichts gelernt?
M: Doch.
H: Was haben sie gelernt?
M: Sie haben gelernt, nur noch die Wahrheit zu suchen.
H: Wie würden die Menschen heute, nach 2000 Jahren, mit Jesus leben und umgehen?
M: Sein Schicksal wäre dem deinen sehr ähnlich.
H: Wie sollen wir das Böse im Menschen bekämpfen?
M: Durch Taten, Gebete und Meditation.
H: Wem nützen die Teufelsaustreibungen in der heutigen Zeit?
M: Dem Geldbeutel des Teufelsaustreibers.
H: Wird das Böse in der neuen Zeit gebunden sein, durch die Macht der Liebe?
M: In der neuen Zeit wird es das Böse nicht mehr geben.
H: Ist das Böse dann nicht mehr existent?
M: Er nickt.

H: Dies heißt, es kann auch nicht mehr aktiviert werden?
M: Er schüttelt den Kopf.
H: Was heißt dieses?
M: Daß es nicht wiederkehrt.
H: Was wollte uns Jesus lehren, in dem er in einer Geschichte zum Teufel sagte: Du sollst den Herrn, deinen Gott, nicht versuchen?
M: Daß man ihn nicht in Versuchung führt.
H: Was sind Gespenster? Wann und warum bedrohen sie uns? Wie können wir uns wirkungsvoll ihnen gegenüber zur Wehr setzen?
M: Es gibt keine Gespenster.
H: Warum erfahren und bekommen wir meistens das, was wir nicht wollen?
M: Er antwortet nicht.
H: Ziehen wir das, wovor wir Angst haben, magisch an und was können wir dagegen tun?
M: Man muß sich bemühen, die Angst zu überwinden.
H: Was ist Angst?
M: Die Möglichkeit, die ständig vor den Augen steht, daß man das Schlimmste erfahren kann.
H: Ist Angst die Wurzel allen Übels?
M: Er schüttelt den Kopf.
H: Was ist die Wurzel allen Übels?
M: Die Gier.
H: Warum haben wir Angst und woher kommt sie?
M: Er antwortet nicht.

Wir verabschieden uns von dem alten Mann in der hölzernen Kapelle, dessen blaue Augen wie ein Bergsee leuchten und beenden für heute die Sitzung.

"Die Geschichte der drei Siebe"

Zu Sokrates kam einmal ein Mann und sagte: "Du, höre, ich muß dir etwas wichtiges über deinen Freund erzählen." "Warte ein bißchen", unterbrach ihn der Weise. "Hast du das, was du mir erzählen willst, durch die drei Siebe hindurchgehen lassen?" "Welche drei Siebe?" "So höre gut zu! Das erste ist das Sieb der Wahrheit. Bist du überzeugt, das alles, was du mir sagen willst, auch wahr ist?" "Das nicht, ich habe es nur von anderen gehört." "Aber dann hast du es wohl durch das zweite Sieb hindurchgehen lassen? Es ist das Sieb der Güte." Der Mann errötete und antwortete: "Ich muß gestehen, nein." "Und hast du an das dritte Sieb gedacht und dich gefragt, ob es nützlich sei, mir das von meinem Freund zu erzählen?" "Nützlich? Eigentlich nicht." "Siehst du," versetzte der Weise, "wenn das, was du mir erzählen willst weder wahr noch gut noch nützlich ist, dann behalte es lieber für dich."

15. Sitzung

Eine Weisung aus der Bibel, Hesekiel 3, 17 - 19

17) Du Menschenkind, ich habe dich zum Wächter gesetzt über das Haus Israel; du sollst aus meinem Munde das Wort hören und sie von meinetwegen warnen.

18) Wenn ich dem Gottlosen sage: Du mußt des Todes sterben, und du warnst ihn nicht und sagst es ihm nicht, damit sich der Gottlose vor seinem gottlosen Wesen hüte, auf daß er lebendig bleibe: so wird der Gottlose um seiner Sünde willen sterben; aber sein Blut will ich von deiner Hand fordern.

19) Wo du aber den Gottlosen warnst und er sich nicht bekehrt von seinem gottlosen Wesen und Wege, so wird er um seiner Sünde willen sterben; aber du hast deine Seele errettet.

Anna schaut dem alten Mann in die blauen Augen, die wie ein klarer Bergsee ausschauen und stellt die Verbindung zu Gott für mich, für uns, her.

H: Ist Gott bereit, meine Fragen durch dich zu beantworten?
M: Du verlangst nach mehr Wissen, als er dir zur Zeit geben kann. Denn die Zeit ist noch nicht reif dafür.
H: Hilfst du mir, das Buch "Weg ins Licht" fertig zu stellen?
M: Er nickt.
H: Wird das Buch "Weg ins Licht" in diesem Jahr fertiggestellt?
M: Er nickt.
H: Wie alt wurde Jesus von Nazareth?
M: 39 Jahre.
H: Was ist der Sinn unserer Arbeit? Warum arbeiten wir?
M: Um das System, daß die Menschen geschaffen haben, in Gang zu halten.

H: Leben wir um zu arbeiten oder arbeiten wir um zu leben?
M: Die meisten Menschen arbeiten um zu leben.
H: Wie sah Jesus die Frauen? Welche Stellung nahmen die Frauen in seinem Leben ein? Was waren sie für ihn?
M: Sie waren für ihn gleichberechtigte Menschen.
H: Der Mensch lebt nicht vom Brot allein. Wodurch lebt der Mensch?
M: Es ist die Energie, die er gibt.
H: Welche Voraussetzungen müssen gegeben sein, damit seine Energie durch die Heilenden auf die Heilsuchenden fließen kann?
M: Die Heilsuchenden müssen bereit sein, die Energie zu empfangen.
H: Welche Voraussetzungen müssen die Kranken erfüllen, um Heil zu erfahren?
M: Sie müssen nach seinem Gebot der Liebe leben und reinen Herzens sein.
H: Welche natürliche Ursache liegt dem leuchtenden Wasser der Bahamainseln zugrunde?
M: Es liegt an einer chemischen Verbindung, die der Boden mit dem Wasser eingeht.
H: Kannst du uns näheres hierüber erzählen?
M: Der Boden dort hat eine besondere Beschaffenheit.
H: Du sagst, daß der Körper nach dem leiblichen Zerfall der Erde übergeben werden muß, aus welcher er entstand. Wie meinst du dieses?
M: Das alles ein natürlicher Kreislauf ist.
H: Was heißt "geistiger Bruder"? Wann werde ich Kontakt mit ihm aufnehmen?
M: Dein geistiger Bruder ist ein Mensch, der dir seelisch sehr verwandt ist. Du kannst Kontakt mit ihm aufnehmen, wenn du deinen Geist weit genug geöffnet hast. Aber es dauert noch.
H: Sollen wir die männliche Anrede "Herr" weiterhin benutzen, bzw. welche Anrede sollen wir benutzen?
M: Er antwortet nicht.
H: Sollen wir um den Engelschutz für die Kinder dieser Welt bitten, um sie aus der Macht des Bösen zu befreien, um sie aus Leid, Elend und Grausamkeit zu erlösen?
M: Er nickt.
H: Wie können wir den Kindern helfen?

M: Liebe und Verständnis geben.
H: Wie kannst du den armen und hilflosen Kindern helfen?
M: Alles hat seinen Sinn, doch nur wenige Menschen erkennen ihn.
H: Sollen wir laut oder leise zu dir beten?
M: Wenn man mit dem Herzen dabei ist, ist es egal, wie man betet.
H: Ist ein lautes Gebet, ein Vorbeten, mit vielen Seelen gesprochen, ein starkes Energiefeld mit großer Wirkung?
M: Es kommt darauf an.
H: Wie meinst du das?
M: In den heutigen Kirchen betet man auch gemeinsam, doch die Menschen tun es nicht, weil sie glauben, sondern für ihren Nachbarn, um den Schein zu wahren. Dann kann sich kein Feld entwickeln.
H: Wie unterhielt sich Jesus mit dir? Wie hast du mit Jesus kommuniziert?
M: Er konnte mit Jesus mental kommunizieren während er meditiert hat.
H: War auch Jesus ein Seher?
M: Er nickt.
H: Was ist ein Seher? Welche Begabung besitzt er? Was sieht er?
M: Ein Seher kann mit ihm während der Meditation kommunizieren und er sieht die Dinge, wie sie werden.
H: Wann sind die Suchenden bereit, den zehnten Teil ihrer Einkünfte für ihre Heilung zu geben?
M: Die wirklich Suchenden sind schon bereit.
H: Als Jesus getauft wurde durch Johannes, hörte er deine Stimme. Was teiltest du Jesus mit?
M: Ich habe ihn in die Gemeinde der Gläubigen aufgenommen.
H: Wie und wo offenbaren sich deine Botschaften dem Suchenden?
M: Das kommt auf die Menschen in ihrer Umgebung an.
H: Wie können wir in einer Welt voller Ungerechtigkeit atmen, ohne in ihr ersticken zu müssen?
M: Jeder muß seinen Teil dazu beitragen, daß Unrecht abzuwenden.
H: Wie und wodurch erfahren wir Befriedigung für unsere Sehnsucht nach Liebe und Anerkennung?

M: Nur wer sät, wird ernten.
H: Wie sollen wir unseren Nächsten lieben?
M: Hilf ihm und stehe ihm bei, wenn er in Not ist und verfluche ihn nicht, wenn er dich erzürnt.
H: Wie besiegen wir die Arbeitslosigkeit?
M: Dieses Problem wird sich in dieser Zeit nie mehr lösen lassen. In der neuen Zeit gibt es keine Arbeitslosigkeit.
H: Wie sollen wir den Arbeitslosen helfen? Welches Ziel sollen wir ihnen geben?
M: Man muß ihnen das Gefühl geben, wichtig zu sein.
H: Ist das Gleichnis aus der Bibel über die Vögel richtig: Sie sähen nicht, sie ernten nicht und du ernährst sie doch?
M: Nein, auch sie leisten ihren Beitrag.
H: Soll das heißen, daß der Mensch arbeiten muß, um leben zu können?
M: Ja, aber mit Arbeit ist nicht die bezahlte Arbeit gemeint.
H: Kannst du uns das näher erklären?
M: Der Mensch ist den Naturgesetzen unterworfen. Er muß sich nähren und er muß sich wärmen.
H: Auf welches biblische Geschehen weist der Regenbogen hin? Was zeigst du uns dadurch?
M: Der Regenbogen ist nur ein Naturphänomen.
H: Ist Kommunikation mit verstorbenen Seelen, die noch nicht in einem neuen Körper wiedergeboren sind, möglich?
M: Nur für wenige Auserwählte.
H: Sind die publizierten Tonaufnahmen über Band und Radio unwahr?
M: Zum größten Teil.
H: Ist die Umformung von Materie mittels Gedankenenergie möglich?
M: Er nickt.
H: Kann ich mittels Gedankenenergie einen Gegenstand bewegen?
M: Noch nicht.
H: Werde ich dieses in Zukunft können?
M: Erst, wenn du ein Wissender bist.
H: Welches ist die kleinste Bewußtseinseinheit?
M: Er antwortet nicht.
H: Hat die einzelne Körperzelle eines Lebewesens ein Bewußtsein?

M: Er schüttelt den Kopf.
H: Setzt du zeitweilig die Naturgesetze außer Kraft?
M: Er nickt.
H: Wem gebührt die Königswürde "Sohn Gottes" zu heißen?
M: Niemandem.
H: Wo hat der Davidstern seinen Ursprung?
M: In den Köpfen der Menschen.
H: Warum gibt es das Böse. Woher kommt es?
M: Es ist mit der Welt entstanden.
H: Ist es Sinn und Zweck der Menschen, das Ganze von dem Bösen zu erlösen?
M: Er nickt.
H: Jesus sagte: Die neue Welt auf die ihr wartet, ist gekommen aber ihr erkennt sie nicht. Wie meinte er dieses vor 2000 Jahren?
M: Die Welt war im Umbruch. Die ersten fingen an zu glauben. Sie erkannten, daß es ihn gab.

Ich bedanke mich über Anna beim Allmächtigen und beende die Sitzung.

16. Sitzung

H: Es steht geschrieben in den Qumranrollen: Finde heraus und suche und wisse wie Jona weinte. Wer war Jona und warum weinte er?
M: Es steht doch geschrieben: Suche und finde es heraus.
H: Warum sprechen Sehende in Gleichnissen?
M: Damit nur die Gläubigen die Wahrheit erkennen.
H: Wer ist in den Schriftrollen gemeint, dessen Text ich gerade bearbeite?
M: Du weißt es.
H: Die drei Bücher, die ich kennenlernen muß, heißen wie?
M: Er antwortet nicht.
H: Hat die christliche Kirche die größte Angst vor Jesus-Nachfolgern?
M: Sie hat Angst vor ihrem Machtverlust.
H: Warum wird die Qumrangemeinde in der Bibel nicht erwähnt?

M: Nicht alle Schriftstücke, die geschrieben worden sind, sind gefunden worden und nicht alle, die gefunden wurden, sind veröffentlicht worden.

H: Wie ist es zu erklären, daß die Lehre Jesus in den Qumranrollen niedergeschrieben wurde, bevor Jesus geboren war?

M: Weil es die Lehre immer gab und immer geben wird.

H: Warum wurden die Tempel und Wohnstätten vergangener Zeiten auf Pfeiler aufgebaut?

M: Es geschah aus Schutz vor Tieren.

H: Wer bin ich?

M: Du bist das, was du in einer tiefen Meditation zu spüren vermagst.

H: Ein Licht für die Suchenden? Ein Stern?

M: Er nickt.

H: Ein zeitweiliger hoher Ton in meinem rechten Ohr zeigt mir was an?

M: Es ist ein organisches Problem, daß sich bald legen wird.

H: Wird es eine neue Sintflut geben?

M: Er schüttelt den Kopf.

H: Der Traum vom 29.08.1993 hat welche Bedeutung?

Im Traum zeigte sich mir das Böse in Gestalt eines großen Mannes, mit einem Hund als Bestie. Diesem Mann folgten viele aufgehetzte Menschen, welche mein Leben wollten. Als das zähnefletschende Tier mich angreift, verteidige ich mich mit einer Eisenstange. Nach ein paar Hieben, bewirkt durch die Eisenstange, senkte der Hund seinen Körper vor meine Füße und ein paar treue, flehende Hundeaugen schauen mir ins Gesicht. Der Hund erkennt in mir seinen neuen Herrn. Der Böse, samt seinem Gefolge, wird von mir mit Hilfe eines Birkenbaumes, den ich als Waffe benutze auf Distanz gehalten.

M: Es war ein Spiegel deiner Sorgen.

H: Werde ich den Kampf gewinnen?

M: Wenn du aufhörst zu zweifeln.

H: In der Meditation vom 30.08.1993, erfuhr ich was?

M: Die Zeit dafür ist noch nicht reif. Du sollst es erst auf dich wirken lassen.

H: Welche Kräfte besitzt der Mond?

M: Er bestimmt die Gezeiten.

H: Wie wirkt die Kraft des Mondes auf bestimmte Menschen?

M: Manche Menschen spüren die Anziehungskraft des Mondes und das löst bei ihnen Ängste und Phantasien aus.

H: Warum sind Menschen mondsüchtig?

M: Er antwortet nicht.

H: Wodurch wird der Magnetismus im Menschen erzeugt?

M: Jeder Körper verbirgt Elektrizität und damit auch Magnetismus. Bei manchen tritt es stärker auf.

H: Welches Geheimnis liegt den Externsteinen zugrunde?

M: Er antwortet nicht.

H: Welche Verhaltensregeln in Bezug auf meine Firmentätigkeit gibst du mir heute?

M: Gib dir Mühe solange es dauert.

H: Soll ich mein Arbeitsverhältnis kündigen oder werde ich gekündigt oder wird die Firma im November nicht mehr sein?

M: Sie wird nicht mehr sein.

H: Die Arbeitslosen fragen, welcher Tätigkeit sie nachgehen sollen, welchen Sinn ihr Leben ohne bezahlte Arbeit hat. Was kann ich ihnen sagen und wie kann ihnen geholfen werden?

M: Wer keine Arbeit findet, soll seinen Mitmenschen helfen. Auch darin kann man Erfüllung finden.

H: Wird sich die Bedrohung der islamischen Fundamentalisten verstärken und gegen die christliche Welt richten?

M: Er schüttelt den Kopf.

H: Ist der Mensch die Krönung der Schöpfung?

M: Er antwortet nicht.

H: Es heißt: Du sollst nicht töten. Töten ist Sünde. Aber um Fleisch essen zu können, müssen wir Tiere töten. Wie vereinbart sich dieses?

M: Mit Töten ist das Umbringen eines Menschen gemeint, nicht das Jagen.

H: Wo befindet sich das Jenseits?

M: Überall. Es ist eine andere Dimension.

H: Ist das Jenseits mitten unter uns? Eine Dimension, die wir nicht wahrnehmen können?

M: Er nickt.

H: Sagte Jesus: Wer nicht gegen uns ist, der ist für uns?
M: Er antwortet nicht.
H: Ist Glauben ohne Erfahrung ein Aberglauben?
M: Er schüttelt den Kopf.
H: Du sagst, der Mensch entstand aus einer Zelle. Hat die gesamte Menschheit ihren Ursprung aus den ersten Menschen?
M: In der ersten Zelle.
H: Kannst du für uns den Weg der Menschwerdung näher erläutern?
M: Er antwortet nicht.
H: Was sollen wir unter göttlicher Ordnung verstehen?
M: Das Leben nach seinen Regeln zu leben.
H: Wodurch kam es zur Sprachverwirrung der Völker? Liegt hier ein religiöses Ereignis zugrunde, der Turmbau zu Babel?
M: Er schüttelt den Kopf.
H: Warum sprechen die Völker verschiedene Sprachen? Wie entstand dieses?
M: Durch die Trennung der Erdteile und die Stammesbildung.
H: Über die Ehe steht im Markusevangelium: Und was Gott zusammengefügt hat, sollen die Menschen nicht scheiden. Wie stehst du zu diesem Zitat?
M: Er antwortet nicht.
H: War Maria Magdalena eine stadtbekannte Sünderin, eine Prostituierte?
M: Er schüttelt den Kopf.
H: Warum verbreitete man diese Lüge?
M: Um Jesus die Reinheit zu nehmen.
H: Was ist der Sinn der Liebeslust. Fortpflanzung oder Erlösung?
M: Fortpflanzung.
H: Der Traum vom 03.08.1993 hat mir was zu sagen?

Zu dienen ohne zu murren, als Sklave des Ärmsten, in der Hoffnung, reich zu sein.

M: Daß du deine Gedanken nicht mehr abschweifen lassen sollst, sondern dich auf das wesentliche konzentrieren mußt.

H: Du sagst, die Erforschung der Vergangenheit sei nicht meine Aufgabe. Sehe ich richtig, wenn ich also meine, daß ich die Zukunft erforschen soll?
M: Du sollst die Zukunft nicht erforschen, sondern gestalten.
H: Was heißt, die Zukunft gestalten? Wie soll ich das verstehen?
M: Denke darüber nach.
H: Wer kann mir helfen bei der Deutung?
M: Nur du selbst.
H: Welches Titelbild soll das Buch "Der Weg ins Licht" bekommen?
M: Einen Weg, der ins Licht führt.
H: Welches Symbol sollen die Mitglieder aus der Gemeinde der Gläubigen zum Zeichen ihrer inneren Verbundenheit tragen?
M: Sie brauchen kein Symbol.
H: Welche Bedeutung hatten die Frauen für Jesus? Was haben sie Jesus gelehrt und was sollen sie mich lehren?
M: Partnerschaft, Liebe und Verständnis.
H: Welchen Rat gibst du mir heute?
M: Entsage deinem Geist und konzentriere dich. Versuche deine Gedanken nicht zu weit abschweifen zu lassen.
H: Wie werden die Menschen in der neuen Zeit mit den Altlasten aus dieser Zeit fertig werden?
M: Er antwortet nicht.
H: In einem Traum vom 04.08.1993 bekam ich die Worte: Dieselöl + Honig = Superkraftstoff. Wie darf ich das verstehen?
M: Die Flüssigkeiten waren nur symbolisch. Es sollte dir sagen, daß aus zwei Sachen, die doch so unterschiedlich sind, etwas Gutes kommen kann.
H: Was sollen wir aus der Bergpredigt des größten Pointers aller Zeiten heute wissen?
M: Er antwortet nicht.
H: Ist die Ehe, zwischen gleichen Geschlechtern geschlossen, von dir auch gesegnet?
M: Er nickt.
H: Wie soll ich das verstehen?
M: Seelen haben keine Geschlechter.
H: Sind Menschen, die den gleichen Geschlechtspartner lieben, von der Natur fehlgesteuert?

M: Er schüttelt den Kopf.
H: Wie darf ich das verstehen?
M: Wenn sich zwei Seelen finden, spielt das Gefäß keine Rolle.
H: Bei gleichgeschlechtlichen Partnern besteht über die Liebeslust keine Fortpflanzung, keine Kinder. Aber die Kinder sind von dir gesegnet und gewollt. Wie sollen wir mit diesem Wissen umgehen?
M: Er antwortet nicht.
H: Wie sollen wir im Leben mit Homos und Lesben umgehen?
M: Die Frage ist eine Kränkung.
H: Welches Ziel verfolgt die Kirche?
M: Die Macht gegen alle Widerstände aufrecht zu erhalten.
H: Hat die Institution Kirche sich schuldig gemacht?
M: Er nickt.
H: Was erwartet die Kirchenfürsten in naher Zukunft?
M: Er antwortet nicht.
H: Warum läßt du es zu, daß die Institution Kirche deine Kinder in die Irre führt?
M: Es gibt vieles, was sie in die Irre führen kann. Sie müssen lernen, ihren Weg zu finden.
H: Wodurch öffnest du den Suchenden Augen und Ohren?
M: Er antwortet nicht.
H: Wie soll ich die Praxistätigkeit gestalten? Wie soll ich mit den Hilfesuchenden umgehen und was sollen sie erfahren?
M: Gib ihm das, was er braucht.
H: Wirst du mir dabei helfen und meinen Geist inspirieren, damit ich ihm das Rechte zuteil werden lassen kann?
M: Er nickt.
H: Was hat die Kirche heute dem Suchenden nicht zu bieten?
M: Die Wahrheit.
H: Was bewirkt die Neuorientierung der Suchenden zu den Wissenden für die alte Welt?
M: Er antwortet nicht.
H: Was sind Orte der Kraft?
M: An dem die Menschen meinen, Ruhe und Kraft zu finden.
H: Du sagst, daß ich in der Friedensburg dir am nächsten bin. Wie soll ich das verstehen?

M: Dort bist du in der Lage, deinen Geist weit genug zu öffnen.
H: Wie oft soll ich zu diesem Ort reisen?
M: So oft es dir möglich ist.
H: Wer wird mich begleiten?
M: Niemand.
H: Wann werde ich Zutritt in die Burg bekommen?
M: Schon bald.
H: Werde ich in der Burg Seminare abhalten?
M: Er schüttelt den Kopf.
H: Wie sollen wir mit dem Mythos Atlantis umgehen? Welche Sehnsucht verbindet den Menschen mit Atlantis?
M: Er antwortet nicht.
H: Sollen wir unsere Kinder autoritär oder antiautoritär erziehen?
M: Da du seine Gebote kennst, erübrigt sich die Frage.
H: Wie sollen sich Eltern verhalten, welche die Führung über ihre Kinder verloren haben?
M: Mit Liebe und Verständnis eine Vertrauensbasis schaffen.
H: Welche Aufgaben haben die Seelen im Jenseits?
M: Sie bereiten sich auf das nächste Leben vor.
H: Haben Engel einen physischen oder psychischen Körper?
M: Er antwortet nicht.

Ich bedanke mich bei dir über die empfangene Weisheit und verabschiede uns in dem Wissen, daß du immer bei uns bist. Anna geht nun aus der Kapelle den Weg zur bunten Blumenwiese zurück. Anna, du bist nun wieder nur noch mit meiner Stimme verbunden. Du fühlst dich ausgeruht, wohl und kräftig und ich hole dich nun zurück ins Tagesbewußtsein. Ich bedanke mich bei Anna für die Mitarbeit und beende die Sitzung für heute.

Wünsch' dir was!

Frag doch einfach mal dein höheres Selbst in Trance. Entspanne dich und stell dir vor, du stehst auf einer Sommerwiese mitten in den Bergen. Es ist angenehm warm, du hörst das Zwitschern der Vögel, du siehst die bunten Blumen und atmest ihren Duft ein. Ein leichter Wind streicht über dein Gesicht. Du fühlst dich sehr wohl. Nun gehst du einen Weg entlang, langsam in aller Ruhe. Da siehst du in der Ferne eine Gestalt, die dir entgegenkommt. Du kannst nicht erkennen, wer das ist, aber du spürst, daß diese Gestalt, die dir entgegenkommt, Wohlwollen und Wärme ausstrahlt. Du hast Vertrauen zu ihr, du gehst ihr gern entgegen. Nun begegnet ihr euch auf deinem Weg, und du erkennst diese Gestalt, die die innigsten und liebevollsten Gefühle in dir wachruft. Vielleicht ist es jemand, den du kennst, vielleicht ein alter Mann oder eine weise Frau. Das ist belanglos, gib der Gestalt die Erscheinung, der du das größtmögliche Vertrauen schenken kannst. Nun setzt du dich zusammen mit diesem Wesen deinen Weg fort. Ihr kommt in eine kleine Kapelle. Diese Kapelle ist so ausgestattet, daß du dich so wohl wie nur möglich darin fühlst. Mit Gold, Malereien, Marienstatuen, Jesusfiguren, Buddas, was immer du möchtest. Nun beginnst du mit deinem Begleiter eine Unterhaltung. Frag ihn alles, was du wissen möchtest. Über deinen Lebensweg, über bestimmte Konflikte, über Gesundheitsprobleme, usw.. Dieses Wesen ist dein Selbst (Gott in dir), und er weiß alles über dich, in der Vergangenheit, Gegenwart und Zukunft. Sei ganz ruhig, und du wirst Antworten erhalten. Vielleicht nicht in Worten, sondern in Handlungen, Symbolen oder Bildern. Unterhalte dich mit deinem Selbst, solange du willst. Wenn du das Gefühl hast, daß es genug ist, bedanke und verabschiede dich. Geh in völligem Wohlbefinden und dem Wissen, daß sich alles zum besten gewendet hat, den Weg durch die Wiesen zurück.

Mit dieser Übung hast du die wichtigste Entdeckung deines Lebens gemacht. Du erkennst, vielleicht urplötzlich, daß alles, was du brauchst, in dir liegt. Alle Hilfe, die es gibt, kommt aus deinem inneren Selbst, wenn du es zuläßt. Wenn du willst, biete ich dir meine helfende Hand und führe dich in Hypnose zu deinem Selbst, um dir all deine Fragen zu beantworten.

17. Sitzung

Neigt euer Ohr, kommet zu mir, höret, dann lebt ihr auf! Sucht den Herrn, solange er sich finden läßt; ruft ihn, solange er nahe ist. Der Gottlose lasse von seinem Weg, der Boshafte von seinen Gedanken. Er kehre um zum Herrn, daß er sich seiner erbarme.

Denn meine Gedanken sind nicht eure Gedanken und eure Wege sind nicht meine Wege spricht der Herr. Es kehrt nicht erfolglos zu mir zurück, ohne daß es vollbracht, wozu ich es gesandt.

Denn in Freuden sollt ihr ausziehen und in Frieden geleitet werden.
Jesaias 55

Anna schaut in die blauen Augen des alten Mannes und fragt, ob er bereit ist, auf meine Fragen zu antworten.

M: Er wird dir nicht alle Fragen beantworten, denn du wirst versuchen Fragen zu stellen, für die die Zeit noch nicht reif ist.
H: Sage mir, worin liegt der Sinn von Fülle und Ärmlichkeit?
M: Um das Geben zu lernen.
H: Worin liegt der Sinn von Ehre und Schande?
M: Das sind Moralbegriffe, die er nicht geschaffen hat.
H: Worin liegt der Sinn von Gut und Böse?
M: Nur wer das Böse kennengelernt hat, weiß das Gute zu schätzen.
H: Worin liegt der Sinn von Raum und Zeit?
M: Die Begrenzung, die Trennung zwischen der irdischen Welt und dem Jenseits.
H: Werden in der neuen Zeit die Gegensätze aufgehoben?
M: Er nickt.
H: Gibt es dann die irdische Dunkelheit nicht mehr? Tag und Nacht?
M: Doch, diese Gegensätze meinte er nicht.
H: Welche Gegensätze werden aufgehoben in der neuen Zeit?
M: Er meinte die Gegensätze arm und reich, gut und böse.
H: Wie sollen wir den Urgrund des Seins verstehen? Was ist der Urgrund des Seins?
M: Schon die Frage zeigt deutlich, daß ein Mensch nie in der Lage sein wird, daß zu verstehen.
H: Was wird sein, wenn nur noch die Gerechten in Frieden voller Harmonie auf dieser Erde leben?
M: Er antwortet nicht.
H: Wie wird es in der neuen Zeit des Lichtes mit der Umwelt, mit der Natur bestellt sein?
M: Sie wird sich erholen.
H: Werden wir in der neuen Zeit des Lichtes klares, reines Wasser zu trinken und gesunde Nahrung zu uns nehmen dürfen?
M: Er nickt.

H: Wirst du die, die ich Liebe, bewahren, während ich auf den Weg ins Licht pilgere?

M: Er nickt.

H: In welchen Dingen sollen wir unsere Kinder unterrichten?

M: In Liebe und Vertrauen.

H: Kannst du uns sagen, wie wir in der neuen Zeit des Lichtes leben? Was wir essen, wie wir uns kleiden, wo wir wohnen, welche Arbeit wir verrichten?

M: Er schüttelt den Kopf.

H: Welche Bedeutung hat der Weise "Dalei Lama" für die Menschen des Abendlandes und was können wir von ihm lernen?

M: Daß in der Ruhe die Kraft liegt.

H: Durch wen und wodurch erfährt der Dalei Lama sein Wissen?

M: Durch Meditation.

H: Soll ich die Abfindung aus meiner Firmentätigkeit mitnehmen und kündigen?

M: Er nickt.

H: Sage mir, wie ich jetzt darüber denke, fühle und empfinde?

M: Auf der einen Seite bist du befreit, auf der anderen Seite hast du Angst davor, ins Bodenlose zu fallen.

H: Ist die Angst berechtigt?

M: Er schüttelt den Kopf.

H: Werde ich diesen Weg gehen?

M: Er nickt.

H: Wird der Industriestandort meiner Firma im November 1993 nicht mehr existieren?

M: In dieser Form nicht.

H: In den alten Schriften ist das Wort "Urteil" und "urteilen" oft gebraucht. Wie sollen wir die Wörter verstehen?

M: So wie sie auch heute verstanden werden.

H: Am Samstag, den 04.09.1993 begegnete ich im Dom (das Münster in der Stadt Essen) einer jungen Frau, welche meinen Blickkontakt suchte und mir eine Zeitlang tief in die Augen schaute. Was sahen die Augen der jungen Frau?

M: Einen Augenblick lang konnte sie deine besondere Bestimmung erkennen.

H: Was suchte die junge Frau?
M: Sie suchte Trost.
H: Welche Bedeutung und welchen Sinn hatte diese Begegnung?
M: Das mußt du selbst herausfinden.
H: Was hast du der jungen Frau durch meine Gegenwart gezeigt?
M: Daß sie nicht allein ist.
H: Was kann ich tun, um sie wiederzusehen?
M: Nichts, es wird einfach geschehen.
H: Durch den heiligen Geist gereinigt zu sein, heißt für die Söhne der Morgendämmerung was?
M: Daß sie bereit sind, ihren Weg zu gehen.
H: Kannst du uns das Licht des Lebens erklären?
M: Er schüttelt den Kopf.
H: Welchen Rat gibst du mir heute?
M: Gehe auf die Menschen zu und höre was sie dir zu sagen haben. Versuche nicht, ihnen etwas zu sagen.
H: Du sagst, du mußt all deine Kraft einsetzen, ihr müßt meine Worte mit all eurer Kraft hören. Das Wort "Kraft" hat bei dir welche Bedeutung?
M: Alle Energie und Liebe, die in einem stecken.
H: Was erwartet den Gerechten mit seinem Volk in dieser Zeit?
M: Er antwortet nicht.
H: Darf ich den Menschen in Not von deiner Weisheit erzählen?
M: Er nickt.
H: Wie sollen wir die Engelwelt verstehen? Welchen Körper haben sie, wie erscheinen sie uns, wie können wir sie begreifen?
M: Du weißt es schon.
H: Kannst du mir die Erkenntnis aus meinem Wissen schenken?
M: Er schüttelt den Kopf.
H: Kannst du mir sagen, warum du es mir nicht sagst?
M: Er schüttelt den Kopf.
H: Es steht geschrieben: Am Ende dieser Zeit werden die Jungen Visionen haben und die Alten Träume. Welche Visionen und Träume sind gemeint?
M: Von einer besseren Zukunft.

H: Jesus sagte: Wenn ihr nicht werdet wie die Kinder, so kommet ihr nicht ins Himmelreich. Kannst du für uns diesen wichtigen Satz erläutern?

M: Es ging um die kindliche Liebe, Glaube und Vertrauen, der noch durch nichts gestört ist.

H: Du sagst, Jesus war ein Christ. Was heißt Christ?

M: Es ist ein anderes Wort für Gläubiger.

H: Wer darf sich christlich nennen?

M: Alle, die an ihn glauben und seine Gebote befolgen.

H: Ort der Kraft heißt für die Quelle was?

M: Ein Ort, wo man sich selbst und seine Energien wiederfinden kann.

H: Welche Kraft fließt an diesem Ort?

M: Geistige Energie.

H: Wodurch offenbart sich die Kraft?

M: Man spürt sie.

H: Warum mußte ich die Hypnose erlernen?

M: Du weißt es.

H: Wer wird der Verleger des Buches "Weg ins Licht" sein?

M: Er antwortet nicht.

H: Werde ich nächstes Jahr, 1994, ein neues Buch mit Anna schreiben?

M: Er nickt.

H: Über welches Thema werden Anna und ich schreiben und wie wird der Titel des Buches heißen?

M: Er antwortet nicht.

H: Freuen darf sich jeder, der nicht an mir irre wird, sagte Jesus. Wie meinte er dieses?

M: Er antwortet nicht.

H: Wie sah die Erde vor der Schöpfung aus?

M: Er antwortet nicht.

H: Wann werde ich meinen geistigen Brüdern und Schwestern begegnen?

M: Du mußt Geduld haben.

H: Welcher Sinn liegt in der Kraft des Bösen?

M: Er hat die Frage schon beantwortet.

H: Kannst du uns den Begriff "Seele" näher erklären?

M: Er schüttelt den Kopf.

H: Ist die Seele, die religiöse Kraft des Wachstums, aus der Liebe geboren?

M: Er antwortet nicht.

H: Welchen Sinn ergibt die Angst?
M: Er antwortet nicht.
H: Müssen wir die Angst überwinden, verdrängen oder annehmen?
M: Wenn man sie annimmt, kann man sie auch überwinden.
H: Können wir die Angst durch das Vertrauen in die Führung deiner Allmacht überwinden und ist dieses ein therapeutischer Weg für die Menschen, die Hilfe suchen?
M: Er nickt.
H: Was bewirkt ein Fluch für den, der ihn ausspricht und für den, der ihn empfängt?
M: Es ist nur ein Aberglaube.
H: Du sagst, daß man einen Menschen im Zorn nicht verfluchen soll. Wie meinst du dieses?
M: Ihm nichts Böses wünschen.

Ich bedanke mich bei Gott und bei Anna und beende die Sitzung für heute.

18. Sitzung

Wer glaubt, der fliehet nicht. Jesaja 28
H: Anna, schaue in die Augen des alten weisen Mannes und sage mir, was du in ihnen siehst.
M: Sie sind klar und rein und sie strahlen Wärme und Ruhe aus.
H: Anna, frage bitte, ob er bereit ist, auf meine Fragen zu antworten.
M: Er kann nicht auf alle Fragen antworten und du weißt warum.
H: Welche Orte dürfen und sollen Jugendliche aufsuchen?
M: Alle Orte, an denen das Gute vorherrscht und das Böse bekämpft wird.
H: Was sind das für Orte und kannst du uns näheres darüber erzählen?
M: Er schüttelt den Kopf.
H: Dürfen Jugendliche sich in Diskotheken aufhalten?
M: Wenn sie stark genug sind, den Versuchungen zu widerstehen.
H: Wie sollte die Freizeitgestaltung der Jugendlichen aussehen?

M: Sie sollten mehr Zeit damit verbringen, sich selbst zu finden.

H: Wie kann den Jugendlichen die Angst vor der Zukunft genommen werden?

M: In dem man ihnen Liebe und Vertrauen entgegenbringt.

H: Welche Orte sollen Jugendliche meiden, um keinen Schaden an ihrer Seele nehmen zu müssen?

M: Orte, an denen das Böse vorherrscht und Gewalt ausgeübt wird.

H: Was muß ein Mörder, Dieb etc. tun, um Gnade zu erfahren?

M: Sie müssen mit ganzer Kraft anderen helfen.

H: Müssen die, welche Böses getan haben und dich nicht um Vergebung bitten, damit rechnen, daß du ihnen nicht hilfst?

M: Er nickt.

H: Welche Nahrungsmittel halten uns körperlich und geistig fit und gesund?

M: Alle Nahrungsmittel, in Maßen genossen, sind gesund.

H: Welche Nahrungsmittel sollten gemieden werden?

M: Alle Nahrungsmittel, deren Fettanteil höher ist als der Kohlehydratanteil.

H: Im 5. Buch Mose steht geschrieben: Nur das Blut dürft ihr nicht genießen, das mußt du wie Wasser auf die Erde schütten. (5. Mose 12,16). Wie sollen wir das Gebot, kein Blut zu essen, verstehen?

M: Das war ein Aberglaube. Man glaubte, daß die Seele im Blut ist.

H: Im 5. Buch Mose 14,6 steht geschrieben: Keinerlei Abscheuliches darfst du genießen. Wie sollen wir dieses verstehen?

M: Daß der Körper durch Ekelgefühle ein Zeichen gibt, was er verträgt und was nicht.

H: Dürfen die Menschen Produkte aus tierischem Blut essen?

M: Er nickt.

H: Ist es besser, fleischlos zu leben?

M: Er schüttelt den Kopf.

H: Der Mensch ist, was er ißt. Nimmt ein Mensch, der sich überwiegend vom Fleisch ernährt, tierische Grundzüge, bzw. Eigenschaften an?

M: Er schüttelt den Kopf.
H: Wie wird man glücklich?
M: In dem man nach seinen Geboten lebt und erreichbare Ziele sich steckt und diese dann anstrebt.
H: Was ist das größte Problem unserer Zeit und wie können wir es überwinden?
M: Das größte Problem ist die Hektik. Die Menschen finden nicht mehr die Zeit, sich selbst zu finden.
H: Sind die Herren dieser Welt böse und wer sind die Herren dieser Welt?
M: Er antwortet nicht.
H: Wenn wir gerecht werden wollen, müssen wir uns von den Tonangebenden aus Industrie, Staat und Firma lösen?
M: Er schüttelt den Kopf.
H: In welchem Monat werde ich kündigen?
M: Im November.
H: Was würde geschehen, wenn die Gezeiten Ebbe und Flut aufhören würden zu sein?
M: Er antwortet nicht.
H: Was wird sein, wenn die Sonne ihre Strahlen ungefiltert auf unseren Planeten wirft?
M: Die Erde würde verbrennen.
H: Was wird sein, wenn das Meer über die Ufer tritt?
M: Er antwortet nicht.
H: Was geschieht, wenn die radioaktive Strahlung aus den zerborstenen Reaktoren das Meer und das Land verseucht?
M: Die Körper würden sich verändern und schneller zerfallen, doch sie würden lernen, damit zu leben.
H: Was wird sein, wenn den Winden kein Halt mehr geboten würde?
M: Alles würde zerstört.
H: Was wird sein, wenn sich die Gene der Erbanlagen verändern und unkontrollierbar werden?
M: Er antwortet nicht.
H: Was wird von all dem geschehen?
M: Du weißt es schon.
H: Welcher Sinn verbirgt sich hinter diesen Ereignissen?
M: Es ist die Auslese.

H: Die Fragen eines Kindes: Warum ist das Wasser im Meer salzig?

M: Um den Menschen das Salz zu spenden, was der Körper zum Leben braucht.

H: Was sollen wir unter "Salz des Lebens" verstehen?

M: Die Liebe, weil sie das Leben würzt.

H: Warum duften die Rosen?

M: Um den Menschen eine Freude zu machen.

H: Warum fallen die Blätter der Bäume im Herbst ab?

M: Damit die Bäume im Winter ruhen können und Kraft sammeln können für den Frühling.

H: Was sollen wir aus diesem Naturschauspiel, der Jahreszeit Herbst, des Blätterfallens, lernen?

M: Daß wir alle Alltagssorgen von uns abfallen lassen sollen und uns ruhig auf uns selbst besinnen sollen und dadurch Kraft für den Tag finden.

H: Heißt das, daß alles durch dich geführt wird und wir uns um nichts sorgen müssen?

M: Er nickt.

H: Warum ist unser Wissen so begrenzt?

M: Weil wir nicht reif genug sind für mehr wissen.

H: Worin liegt die Ursache in der Anhäufung der Erdbeben?

M: Durch unterseeische Atomtests sind Erdplatten in Bewegung geraten.

H: Was für einen Sinn haben die Erdbeben?

M: Sie sollen zeigen, daß diese Tests nur Schaden bringen.

H: Werden die Menschen das begreifen?

M: Er nickt.

H: Werden sie von diesen Tests lassen?

M: Er nickt.

H: Was wird mit den Atomreaktoren, welche auf dem Meeresgrund versenkt wurden, geschehen? Werden sie rechtzeitig geborgen?

M: Er nickt.

H: Welchen Sinn hat ein Orkan und wie entsteht er?

M: Er antwortet nicht.

H: Was hast du mir über die Botschaft der Worte, nachzulesen im Jesaja 28, zu sagen?

M: Du weißt es schon.

H: Worüber freust du dich?

M: Über jeden Kampf, den das Gute über das Böse gewinnt und über jeden Menschen, der Liebe gibt.
H: Wie läßt sich die Welt gerecht regieren?
M: Er antwortet nicht.
H: Wie kann man das Volk zur Ehrfurcht und Treue bringen?
M: Indem man sie überzeugt.
H: Von was muß man sie überzeugen?
M: Von der Wahrheit.
H: Wie kann man das Volk von der Wahrheit überzeugen?
M: Er antwortet nicht.
H: Wie läßt sich die Not in Wohlstand verwandeln?
M: Er antwortet nicht.
H: In was liegt der stärkste Schutz vor dem Bösen, für die Kinder dieser Welt?
M: In Liebe und Vertrauen zu ihren Eltern.
H: Wer ist gebildet?
M: Ein Mensch, der sein Wissen verinnerlicht hat.
H: Was heißt das?
M: Der sein Wissen nicht nur erlernt hat, sondern erarbeitet hat und 100%ig davon überzeugt ist.
H: Werde ich diesen Stand erreichen?
M: Er nickt.
H: Wie heißt die Lehre, die durch das Buch "Weg ins Licht" offenbart wird?
M: Sie hat keinen Namen.
H: Wem dient die Lehre ohne Namen?
M: Allen, die sie lesen.
H: Werden die Menschen das, was sie begreifen müssen, auch begreifen?
M: Er nickt.
H: Welche Eigenschaften soll ein guter Lehrer haben?
M: Er muß vor allem Geduld haben und zuhören können.
H: Welche Ursache liegt dem Kindstod zugrunde?
M: Das ist ein körperlicher Fehler.
H: Was für ein körperlicher Fehler?
M: Das Gehirn ist noch nicht reif genug, seine Aufgaben voll zu übernehmen.
H: Wodurch wird dieser Zustand hervorgerufen, wo liegt die Ursache und wie kann man helfen?
M: Er antwortet nicht.

H: Ist diesen kleinen Erdenbürgern nicht zu helfen?
M: Er schüttelt den Kopf.
H: Ist es von dir gewollt, daß diese kleinen Erdenbürger sterben?
M: Er nickt.
H: Welcher Sinn liegt in diesem Geschehen?
M: Du weißt es schon.
H: Darf ich Fragen stellen, auch wenn die Antworten mich um irdische Güter bereichern könnten?
M: Er nickt.
H: Würdest du mir die Gewinnzahlen im Zahlenlotto vorhersagen?
M: Er schüttelt den Kopf.
H: Was sagt uns das Mt-Evangelium 7.7 und auf wen ist es bezogen?
M: Er antwortet nicht.
H: Wir sind auf dieser Welt um zu lieben und zu lernen. Heißt lernen Nachfolge?
M: Er antwortet nicht.
H: Wie können wir dem größten Übel unserer Zeit, der Gier, entgegentreten und besiegen?
M: Indem wir selbst anders leben und dadurch als gutes Beispiel vorausgehen.
H: Das Wort "Gebet" bedeutet für uns was?
M: Es ist eine stille Ansprache an ihn.
H: Wie sieht der ideale Mensch aus?
M: Du weißt es schon.
H: Nach welchen Werten und Schätzen sollen wir streben?
M: Er antwortet nicht.
H: "Hilf dir selbst, dann hilft dir Gott." Welche Wahrheit liegt in diesem Satz?
M: Daß du selbst etwas tun mußt, wenn dir geholfen werden soll.
H: Warum werden Menschen heute immer älter?
M: Er antwortet nicht.
H: Was ist der Sinn des Altwerdens?
M: Er antwortet nicht.
H: Wann werden die Patientenzahlen in meiner Praxis angehoben werden?
M: Es beginnt schon.
H: Wann werde ich davon leben können?

M: Bald
H: Bist du zufrieden mit unserer Arbeit?
M: Er nickt.
H: Welchen Rat gibst du mir heute?
M: Kümmere dich um deine Mitarbeiter und höre ihnen zu, denn sie haben Probleme.
H: Wer sind meine Mitarbeiter?
M: Du weißt es.
H: Was sagt uns die Vererbungslehre?
M: Welche körperlichen Merkmale vererbt werden.
H: Wovon stammen die geistigen Eigenschaften ab, wie z.B. Talente, Begabungen, welche sich bereits in Kindertagen offenbaren (Beispiel: Mozart usw.)?
M: Sie sind vererbt.

Wir bedanken uns erneut und beenden die Sitzung.

Das Kleine erkennen, heißt erleuchtet zu sein. Die Weichheit bewahren, heißt kraftvoll sein. Wer lebt in seinem Licht und seiner Wahrheit heimkehrt, hat nichts zu verlieren, wird der Leib zerstört. Das heißt mit dem Ewigen angetan sein.
Lau Dan

19. Sitzung

Wir beschreiten heute den 20.09.1993 und es ist ein ganz besonderer Tag, den ich so leicht nicht vergessen werde. Nachdem ich mit dem Medium Anna vor der Sitzung über Gott und die Welt unterhalten hatte, stellte ich die Verbindung zu dem Allwissenden her, in dem das Medium als Brücke außerhalb des Bewußtseins mit Gott kommuniziert. In absoluter Trance übermittelt sie gesprochene Gedanken von und zu Gott. Meine Fragen lauteten:

H: Anna, frage den alten Mann auf der hölzernen Kirchenbank, dessen Augen so blau und klar sind wie ein Bergsee und dessen Ruhe die Kraft des Universums ausstrahlt, ob er bereit und willig ist, auf meine Fragen Antwort zu geben.
M: Nein.
H: Warum nicht?

M: Du hast gegen ihn gehandelt. Du mußt deinen Fehler erst wieder gut machen.
H: Welchen Fehler habe ich begangen? Kannst du mir den Fehler sagen, dessen ich mich schuldig gemacht habe?
M: Nein, du mußt es selber wissen.
H: Kannst du mir dabei helfen?
M: Er schüttelt den Kopf.
H: Wann werde ich wissen, welchen Fehler ich getan habe? Wodurch werde ich ihn erkennen?
M: Du sollst meditieren und dein Verhalten überdenken und du wirst den Fehler finden.
H: Wann wirst du mir wieder auf meine Fragen antworten?
M: Wenn du deinen Fehler bereut und wiedergutgemacht hast.
H: Hilfst du mir, den Fehler zu finden, ihn zu bereuen und wieder gut zu machen?
M: Er wird dir beistehen.
H: Nimmst du jetzt schon meine Entschuldigung an?
M: Er schüttelt den Kopf.

Über ein herzliches Dankeschön beende ich die Sitzung und führe Anna zurück ins Tagesbewußtsein. Anna wirkt verstört und fragt, was los gewesen sei. Sie äußert weiterhin, daß sie in ein großes schwarzes Loch gefallen sei. Es dauerte einige Zeit, bis ich sie beruhigt und ihr die Kraft wiedergeben konnte. Wir unterhielten uns anschließend über die noch nicht dagewesene, ungewöhnliche Sitzung und sie fragte mich anschließend, welchen Fehler ich begangen hätte. Nach einigen Überlegungen erkannte ich die Fehler, die ich durch die Hektik des Alltags bereits wieder vergessen hatte bzw. für unwichtig beiseite geschoben hatte. Mit einem reumütigen Herzen trat ich vor Gott und bat ihn um Vergebung, denn die Schuld, welche ich auf mich lud, war mir zur Zeit des Geschehens nicht bewußt.

Die Offenbarung meiner Schuld:
Ich schämte mich des Kreuzes und versteckte es, um die Gunst der Menschen nicht verlieren zu müssen und ich verletzte die Mutterliebe um nichtiger Dinge willen.

Mein Versprechen an Gott und den Menschen, welche die wachsende Liebe des Allmächtigen in sich tragen, ist:

Die Mutterliebe (Gottesliebe) will ich ab heute in Ehren halten und das Kreuz werde ich in Demut offen tragen und allen liebenden Seelen zeigen. Ich werde das Evangelium Gottes lebendig halten und in den Suchenden ein Licht entzünden durch die Kraft, die Gott mir gab. Durch Berührung von Körper und Geist will ich ihnen Heilung für ihre Seele und Linderung für ihr körperliches Gebrechen schenken, getreu dem Jesu Wort: "Wer da will, der nehme das Wasser des Lebens umsonst." Nicht Priester, nicht Arzt, beides muß in einem Heilenden vereint sein, der es sich zur Aufgabe gemacht hat, allen Menschen zu helfen.

"Ein Beruf ist mehr als ein Job. >> Ich bin berufen, etwas zu tun oder zu sein, wofür kein anderer berufen ist. <<"
John Henry Newmann

Psalm 23
Der Herr ist mein Hirte, mir wird nichts mangeln. Er lagert mich auf grünen Weiden, er führet mich zu stillen Wassern. Er erquicket meine Seele; er führt mich auf Pfaden der Gerechtigkeit um seines Namens willen. Und wanderte ich im finsteren Tal, so fürcht ich kein Unglück, denn du bist bei mir; dein Stekken und Stab trösten mich. Du bereitest vor mir einen Tisch im Angesicht meiner Feinde; du salbst mein Haupt mit Öl und schenktest mir voll ein. Gutes und Barmherzigkeit werden mir folgen mein Leben lang und ich werde bleiben im Hause des Herrn immerdar.

20. Sitzung

Die Offenbarung des Lichts (Sitzung vom 30.09.1993)

H: Anna, frage den alten Mann, ob er bereit ist, meine Bitte um Vergebung anzunehmen.
M: Er nickt.
H: Anna, frage ihn, ob er bereit ist, meine Frage durch dich mir zu beantworten.
M: Du wirst nicht auf jede Frage eine Antwort erhalten.
H: Was ist nicht vergänglich?
M: Er antwortet nicht.
H: Wie können wir unsere Abwehrkräfte regenerieren und stärken?

M: Durch eine ausgewogene Ernährung mit viel Obst und viel Bewegung.

H: Welche Bedeutung hat der Traum vom Fliegen?

M: Es ist ein Traum der Ungebundenheit.

H: Was bedeutet das Fallen in einem Traum?

M: Daß sich die Lebensumstände drastisch verschlechtern.

H: Welche Bedeutung hat das Sterben, der Tod, in einem Traum?

M: Daß man die bisherige Lebensweise aufgibt.

H: Warum leiden Menschen unter Fettsucht?

M: Das kann verschiedene Ursachen haben. Viele Menschen glauben, das ihnen das Leben zu wenig gibt und holen sich ihre Befriedigung über die Einnahme von Lebensmitteln.

H: Ist die Hypnose ein wirksamer therapeutischer Weg um die Menschen aus der Freßsucht zu befreien?

M: Er nickt.

H: Was zeigt uns das Bettnässen von Kindern, Jugendlichen und Erwachsenen an und worin liegt ein wirksamer therapeutischer Weg?

M: Dahinter verstecken sich Verlassensängste. Der therapeutische Weg liegt in der Hypnose. Nimm ihnen die Angst, verlassen zu werden.

H: Die Multiple Sklerose ist was für eine Krankheit? Worin liegt ihre Ursache und wie kann ich helfen?

M: Die Multiple Sklerose ist eine Krankheit des Körpers, ihr kannst du nur deine Energie und deine Kraft geben.

H: Worin liegt der Sinn des Kreuzes?

M: Darüber sollst du meditieren.

H: Was sollen wir aus dem Kreuz lernen?

M: Er antwortet nicht.

H: Warum müssen die Menschen durch das Kreuz leiden und sterben?

M: Die Zeit für diese Fragen ist noch nicht reif.

H: Welche Auswirkung und Bedeutung hat die Mutterliebe für unser Leben?

M: Sie ist die tiefste, reinste und beständigste Liebe, die die meisten Menschen erfahren.

H: Welche Bedeutung hat die Vaterliebe für ein Kind und was drückt sie aus?

M: Die Vaterliebe ist nicht so beständig.

H: Worin liegt die Weisheit unserer Urväter?
M: Er antwortet nicht.
H: Was ist die Akascha Chronik und wie ist sie zu verstehen?
M: Er antwortet nicht.
H: Was versinnbildlicht die Jakobsleiter? Was müssen wir tun um sie besteigen zu können?
M: Sie versinnbildlicht den Weg zu einem glücklichen Leben. Man muß sein eigenes Ich in den Hintergrund stellen können.
H: Was verstehen die Menschen unter dem Gral und welchen Sinn hat er?
M: Die meisten Menschen verstehen unter dem Gral einen Ort, an dem sie das ewige Leben erlangen können, aber es gibt keinen Gral.
H: Worin liegt der Schlüssel zum Weltfrieden?
M: In der Liebe.
H: Wo finden wir die rechte Nahrung für unser Bewußtsein?
M: Er antwortet nicht.
H: Das Symbol des Dreiecks mit dem Auge in der Mitte hat welche Bedeutung?
M: Er antwortet nicht.
H: Welchen Sinn hat die Aids-Erkrankung?
M: Daß die Menschen wieder rücksichtsvoller miteinander umgehen.
H: "Friede sei mit euch" Ist dieser Gruß heute aktueller denn je?
M: Er nickt.
H: Sollen wir heute damit unseren Nächsten grüßen?
M: Er nickt.
H: "Selig sind, die nicht sehen und doch glauben." Welchen Sinn haben diese Worte?
M: Daß man nicht alles, was wahr ist, sehen kann.
H: Müssen wir erst lernen zu glauben um später deine Herrlichkeit sehen zu dürfen?
M: Er nickt.
H: Was ist deine Herrlichkeit und wo finden wir sie?
M: In einem erfüllten glücklichen Leben.
H: Wer verkündet uns deine ewige Herrlichkeit heute?
M: Er antwortet nicht.

H: Habe ich Gnade gefunden vor dir und vergibst du mir meine Sünden und hilfst du mir nicht mehr sündigen zu müssen?

M: Er nickt.

H: Wessen Eigentum ist mein Leib?

M: Er gehört deiner Seele, solange sie darin wohnt.

H: Ist mein Leben, daß Leben in mir, gleichzusetzen mit meiner Seele. Ist die Seele das Leben?

M: Er nickt.

H: Wessen Eigentum ist mein Leben?

M: Seines.

H: Wessen Eigentum ist meine Natur und mein Schicksal?

M: Deines.

H: Wessen Eigentum sind meine Kinder und Enkel?

M: Sie gehören sich selbst.

H: Also ist's geschrieben im Markus, 16, 17, 18:
Die Zeichen aber die da folgen werden denen die da glauben sind die: In meinem Namen werden sie Teufel austreiben mit neuen Zungen reden, Schlangen vertreiben und so sie etwas tödliches trinken, wird's ihnen nicht schaden; auf die Kranken werden sie die Hände legen, so wird's besser mit ihnen.
Wie sollen wir diese Aussage verstehen lernen?

M: So, wie du sie schon verstanden hast.

H: Was heißt Teufel austreiben? Heißt es, daß wir das Böse im Menschen durch das Gute ersetzen sollen?

M: Er nickt.

H: Was heißt mit neuen Zungen reden?

M: Er weiß, daß du es verstanden hast.

H: Was heißt Schlangen vertreiben? Ist die Schlange gleichzusetzen mit Krankheit?

M: Er nickt.

H: Welchen Sinn hat das Feuer?

M: Es soll den Menschen helfen und sie wärmen.

H: Welchen Sinn hat das Wasser?

M: Es soll sie tränken und sie reinhalten.

H: Welchen Sinn hat das Feuer des Lebens?

M: Er antwortet nicht.

H: Ist er, Gott, das Feuer des Lebens?

M: Er antwortet nicht.

H: Welchen Sinn haben die Farben des Regenbogens?

M: Sie sollen die Menschen erfreuen.
H: Welchen Sinn haben die Töne, welche die Ohren wahrnehmen dürfen?
M: Sie sind zur Freude und zum Verständnis da.
H: Welchen Sinn haben die Blätter der Bäume?
M: Er antwortet nicht.
H: Welchen Sinn hat der Ursprung und das Ende?
M: Er antwortet nicht.
H: Welchen Sinn hat das Leid aus Arm und Reich?
M: Du weißt es schon.
H: Wodurch werden die Menschen zu Sklaven und zu Herren?
M: Durch ihn.
H: Welche Dinge des Lebens sind überflüssig?
M: Alle Dinge, die die Menschen nicht benötigen um auf dem rechten Weg zu bleiben.
H: Im Streben äußert sich die Willenskraft, wodurch äußert sich das Schicksal?
M: Er antwortet nicht.
H: Was ist im Leben wertvoll, beständig, nicht auszulöschen und unvergänglich?
M: Er antwortet nicht.
H: Man nennt die Verstorbenen auch Heimgegangene, warum?
M: Weil die Seelen wieder zu ihm kommen.
H: Muß ich das Alte, Böse in mir sterben lassen um das Neue, Gute erleben zu können?
M: Er nickt.
H: Was sollen wir an unserem Nächsten bewundern?
M: Seine Liebe und seinen Glauben.
H: Wer tüchtig ist in der Pflege des Lebens und das fernhalten von Schädigungen gelernt hat, erreicht ein hohes Alter?
M: Er nickt.
H: Was garantiert uns ein hohes Alter?
M: Nichts.
H: Ist das Ende von uns nicht zu beeinflussen?
M: Er schüttelt den Kopf.
H: Am 25.09.1993 besuchte ich die Münsterkirche zu Essen um mir den Gesang von Mönchen anzuhören. Vor der Abendmesse, die dem heiligen Kosmas und dem heiligen

Damian zu Ehren zelebriert wurde, erschien ein Pfarrer mit einer Leiter um eine defekte Leuchtbirne in einer Lampe auszuwechseln. Als dieser auf der Leiter unter der Lampe stehend die defekte Birne berührte um sie gegen eine neue auszutauschen, fing selbige allein durch die Berührung wieder an zu leuchten. Was hatte mir dieses Geschehen zu sagen? Worin lag der Sinn dieses Geschehens?

M: Dafür ist die Zeit noch nicht reif.

H: Welche Bedeutung hat die Münsterkirche für mich?

M: Keine Besondere.

H: In der Vergangenheit sah ich in einer Nacht ein kleines Mädchen in einem Nachthemd am hinteren Ende auf meinem Bett stehen. Als ich es anfassen wollte um es vor dem herunterfallen zu bewahren, war es nicht mehr da. Was war es, welche Bedeutung hatte dieses Geschehen, was habe ich gesehen?

M: Auch dafür ist die Zeit noch nicht reif.

H: Wann werde ich all die Fragen beantwortet bekommen?

M: Übe dich in Geduld.

H: Wie entstanden die Berge und wodurch wurden sie geformt?

M: Er antwortet nicht.

H: Was sollen die Sterne uns zeigen und welche Bedeutung haben sie?

M: Sie zeigen uns, daß unser Planet nicht einzigartig ist.

H: Warum muß ich so viele Fragen erarbeiten, wenn du sie mir nicht alle beantwortest? Worin liegt der Sinn?

M: In der Formung deines Geistes. Du mußt lernen, das Wesentliche von dem Unwesentlichen zu unterscheiden.

H: Der Sinn der Dinosaurier war welcher und warum mußten sie aussterben?

M: Er antwortet nicht.

H: Du sagst, in der neuen Zeit werden unsere Körper auch weiterhin zerfallen. Heißt das, das wir uns wieder über Schmerzen und Leid von unseren Lieben trennen müssen?

M: Diese Trennungen werden keinen Schmerz mehr bereiten.

H: Warum trägt die Natur ein grünes Kleid?

M: Um ihrer Lebenskraft Ausdruck zu verleihen.

H: Welche Wirkung hat die Farbe grün in unserem Leben und in unserer Psyche?
M: Sie wirkt anregend und belebend.
H: Warum ist der Schnee weiß?
M: Er antwortet nicht.
H: Warum sind die Gipfel der Berge mit ewigem weißem Schnee bedeckt und warum fängt gerade dieser in der heutigen Zeit an zu schmelzen? Was sagt uns dieses Geschehen?
M: Es ist ein Zeichen der fortschreitenden Umweltverschmutzung.
H: Ist die äußere Welt in der Natur übertragbar auf die innere Welt?
M: Er schüttelt den Kopf.
H: Wie weit wird das Wasser sich ins Landesinnere drängen?
M: Weiter als es bisher je der Fall war.
H: Müssen wir auf den Höhen der Berge Schutz vor dem Wasser suchen?
M: Er schüttelt den Kopf.
H: Wird Friede sein in der Natur, der Welt, in uns, wenn wir es gelernt haben, der Profitgier zu entsagen und dadurch nach außen die Natur nicht mehr mit Dreck und Müll belasten?
M: Er nickt.
H: Im 1. Mose 26.4 heißt es: Und durch deinen Samen sollen alle Völker auf Erden gesegnet werden. Wie darf ich diesen Ausspruch verstehen, den mein Stammvater Isaak von dir empfing?
M: Er antwortet nicht.
H: Was heißt gesegnet werden? Wer wird von dir gesegnet und ist würdig genug, deinen Segen zu empfangen?
M: Die an ihn glauben sind würdig.
H: Was wird mit dem Segen weitergegeben?
M: Es ist seine Anerkennung.
H: Wie darf ich das verstehen?
M: Es ist seine Anerkennung. Denke darüber nach.
H: Heißt Segen Vermehrung?
M: Er schüttelt den Kopf.
H: Was heißt Segen?
M: Seine Anerkennung.

H: Wie erkenne ich einen Engel?
M: Du wirst es wissen, wenn du einen siehst.
H: Ist ein Engel aus Fleisch und Blut?
M: Er schüttelt den Kopf.
H: War das kleine Kind im weißen Gewand in der Nacht auf meinem Bett stehend ein Engel?
M: Er hat dir auf diese Frage schon geantwortet.
H: Auf wen weist der Text im 4. Mose 24.16 hin: Er sagt der Hörer göttlicher Rede, und der die Erkenntnis hat des Höchsten, der die Offenbarung des Allmächtigen sieht und dem die Augen geöffnet werden, wenn er niederkniet.
M: Er antwortet nicht.
H: Soll ich meine Mitmenschen beurteilen?
M: Er schüttelt den Kopf.
H: Soll ich mich aus dem weltlichen Treiben zurückhalten?
M: Er nickt.
H: Kannst du mir sagen, welche Menschen eine besondere Bedeutung für mich haben werden?
M: Er schüttelt den Kopf.
H: Warum läuten Glocken und an was sollen sie uns erinnern?
M: Daß das Leben vergänglich ist.
H: Warum habe ich eine Abneigung gegenüber dem Läuten von Glocken?
M: Weil du eine Abneigung gegen die Institution Kirche hast.

21. Sitzung

H: Anna, was siehst du in den Augen des alten Mannes?
M: Sie strahlen Ruhe und Wärme aus.
H: Anna, frage bitte Gott, ob er bereit ist, auf meine Fragen über dich mir Antwort zu geben.
M: Er wird dir nicht viele Fragen beantworten können, denn du stellst die falschen Fragen.
H: Was ist das Wesentliche, das ich erarbeiten muß, um die rechten Fragen stellen zu können?
M: Du sollst dir das Buch noch einmal durchlesen. Er hat dir schon viele Hinweise gegeben, die du nicht beachtest.
H: Wie soll ich die Zukunft für die Gläubigen gestalten?

M: Du bist ihr Wegbereiter, du sollst ihnen helfen, ihren Weg zu finden.
H: Wie können wir Freude entwickeln und erleben in dieser grauen farblosen Zeit?
M: Wer Liebe gibt, der wird auch Freude entwickeln.
H: Wie sollen wir uns deine Gottheit vorstellen, um dich begreifen zu können?
M: Er ist nicht zu begreifen.
H: Welches Bild sollen sich die Suchenden im Geiste von dir machen um dich intensiv fühlen zu können?
M: Es gibt kein Bildnis, das ihm gleicht. Jeder Mensch schafft sich sein eigenes Bild, eine Vorstellung, die ihm glaubhaft erscheint.
H: Welche Botschaft soll ich verkünden?
M: Die der Liebe.
H: Welchen Rat gibst du mir heute?
M: Hilf deinem Gefäß, bevor es zerbricht.
H: Wie kann ich meinem Gefäß helfen?
M: Gib ihr die Unterstützung, die sie braucht.
H: Welche Unterstützung braucht sie?
M: Du weißt es.
H: Warum ist der Mensch unvollkommen?
M: Weil er noch in der Entwicklungsphase ist.
H: Was geschah zu Noahs Zeit wirklich?
M: Dies ist eine dieser Fragen, die er nicht beantworten wird.
H: Wie entstanden die Kontinente?
M: Er antwortet nicht.
H: Welche Aufgabe hat mein Gefäß in seinem Leben?
M: Ihre Aufgabe ist es, dir zu helfen.
H: Warum wurdest du, Gott, immer als Vater gesehen und angebetet?
M: Er antwortet nicht.
H: Wie und wodurch kann ich die Suchenden überzeugen und zur Nachfolge anregen?
M: Hilf ihnen und rede mit ihnen und sie werden die Wahrheit erkennen.
H: Sollen die Suchenden der Wahrheit folgen, welche sich ihnen im tiefsten Herzen offenbart, welche das Licht dieser Welt ist, welche das Böse bloßstellt?
M: Er antwortet nicht.

H: Soll ich den Suchenden sagen, daß ich deine Energie spende und deine Wahrheit verkünde?

M: Er nickt.

H: Sollen die Suchenden durch das Erkennen der Wahrhaftigen, in die Gemeinschaft der Gläubigen geführt werden?

M: Er nickt.

H: Zeigt sich der Geist des Wahrhaftigen in den Seelen der Wahrhaftigen?

M: Er antwortet nicht.

H: Ist das Licht, welches in die Finsternis scheint und die Elemente des Bösen bloßstellt, die Wahrheit?

M: Er nickt.

H: Ist der Sinn des Buches "Weg ins Licht" die Wahrheit den Menschen zu zeigen, die ungeschminkte Wahrheit, deren Nachfolge es sich lohnt, um ein ewiges Leben in Frieden als Dank des Allerhöchsten zu empfangen?

M: Er nickt.

H: Jesus zeigte uns den Weg in dem er sagte: "Ich bin das Licht, die Wahrheit und das Leben." Ergeben diese drei Elemente das Ganze?

M: Er nickt.

H: Findet sich das Ganze als Dreieck in der Geometrie wieder?

M: Er nickt.

H: Ist das Ganze, ausgerichtet an den vier Ecken der Erde, die Pyramide, welche uns auf Erden bereits das Heil schenkt?

M: Er antwortet nicht.

H: Schenkt uns das Ganze, aus den drei Elementen zusammengefügt, ein erfülltes Leben, die ewige Herrlichkeit?

M: Er nickt.

H: "Wer aber Redlichkeit übt und ohne Falsch seine Werke vollbringt, kommt zum Licht, zur Kraft, zur Herrlichkeit, wo seine Taten durch Gott gewirkt offenbar werden, zum Wohle der Liebenden die Gott fürchten." Wieviel Wahrheit hat dieser Satz und was heißt Gott fürchten?

M: Er antwortet nicht.

H: Heißt Gott fürchten, dein Wohlgefallen auf uns zu lenken, damit du dich nicht erzürnen mußt und uns nicht fallen lassen mußt?

M: Er nickt.

H: Erschaffen wir uns dein Wohlgefallen über die Einhaltung deines Liebesgebotes?

M: Er nickt.

H: Wer wird in meine Arbeit eintreten, wenn ich nicht mehr bin?

M: Er antwortet nicht.

H: Was soll ich den Seelen sagen, wenn sie fragen, wer da wirkt durch mich?

M: Du weißt es.

H: Wie kann ich sie überzeugen, daß du es bist, der durch mich wirkt? Werden sie es glauben, daß bereits in den Qumran-Rollen von mir geschrieben steht?

M: Es wird viele Zweifler geben, doch es werden Dinge geschehen, die ihre Stimmen zum Schweigen bringen werden.

H: Läßt du solche Dinge geschehen um Meinetwillen?

M: Er nickt.

H: Darf ich die Dinge jetzt schon wissen, die da um Meinetwillen geschehen werden?

M: Er schüttelt den Kopf.

H: Soll ich alle Gespräche, die ich mit dir führe, in diesem Buch veröffentlichen?

M: Er nickt.

H: Du sagst, daß ich den suchenden Seelen zuhören soll, ohne ihnen etwas zu erzählen. Muß ich ruhig sein, damit deine Liebe, deine Kraft und Energie durch meinen Geist und Körper auf die Suchenden fließen und Heil bewirken kann?

M: Er nickt.

H: Was heißt im Geist Gottes zu ruhen?

M: Sich ganz seiner Führung zu überlassen.

H: Welche Bedeutung wird mein Name in Zukunft haben?

M: Er antwortet nicht.

H: Wie können die Suchenden wissen, welche Lehre ich verkünde und wirke?

M: Sie werden es spüren.

H: Warum werden Menschen mir nachsagen wollen, daß Satan aus mir rede und was bewirkt, daß sie solches verkünden werden?

M: Es sind Menschen, die Angst haben.

H: Warum wird man mich verfolgen und nach meinem Leben trachten?

M: Weil sie Angst vor der Wahrheit haben.

H: Werden diese Menschen eines Tages mir das irdische Leben nehmen?

M: Er nickt.

H: Wo und wann wird es sein?

M: Er antwortet nicht.

H: Warum wird man mich verleugnen?

M: Weil es für die Menschen einfacher erscheint.

H: Wiederholt sich die Geschichte bei jedem Führer und Lehrer deines Volkes?

M: Er schüttelt den Kopf.

H: Worin liegt der Sinn in meinem Leidensweg?

M: Du weißt es schon.

H: Du sagtest, daß du mich auf meinem Wege körperlich und seelisch beschützen würdest. Wieso werde ich dann für die Wahrheit, die ich in deinem Namen verkünde, sterben müssen?

M: Weil deine Seele weiterwandern muß.

H: Werde ich noch einmal auf dieser alten Welt inkarniert, wiedergeboren?

M: Er nickt.

H: Welchen Sinn macht es, daß ich mein Leben opfern muß, um noch einmal diese alte Welt zu durchleben?

M: Du wirst mit den Auserwählten den Beginn der neuen Zeit feiern.

H: Werde ich auch später in der neuen Zeit mit allen Gerechten und gerecht gewordenen in Frieden leben dürfen?

M: Er nickt.

H: Wird meine Hinrichtung weh tun?

M: Du wirst keinen Schmerz spüren.

H: Wird es zwischen den beiden Säulen in der Kapelle sein?

M: Er antwortet nicht.

H: Jesus sagte den Menschen, er sei Gottes Sohn, dein Sohn, warum?

M: Er antwortet nicht.
H: Wer ist rein in deinen Augen?
M: Er antwortet nicht.
H: Wodurch können wir Reinheit erlangen?
M: Er antwortet nicht.
H: Im Johannes 14.14 steht geschrieben: "Wenn ihr etwas bitten werdet in meinem Namen, so werde ich es tun." Wie meinte Jesus diese Aussage?
M: Er antwortet nicht.
H: Sollen wir dich im Namen Jesus um etwas bitten?
M: Er schüttelt den Kopf.
H: Ruht (schläft) der heilige Geist, der Geist der Wahrheit, in allen Menschen?
M: Er nickt.
H: Wird der Geist der Wahrheit im Suchenden durch den Schlüssel der Liebe aktiviert (erweckt)?
M: Er nickt.
H: Ist der aktivierte, der zum Leben erweckte Geist der Wahrheit, der Lehrmeister aller Liebenden?
M: Er nickt.
H: Ist ein Mensch als lebendiger Zeuge deiner Liebe, ausgestattet mit deiner Kraft, angeschlossen an deinen Energiefluß, wandelnd auf dem Pfade der Erkenntnis, deinen allerhöchsten Schutz genießend, zu reaktivieren?
M: Er antwortet nicht.
H: Wie dürfen wir die Worte Jesus, im Johannes-Evangelium 14.27 niedergeschrieben, verstehen? "Frieden lasse ich euch, meinen Frieden gebe ich euch."
M: Er antwortet nicht.
H: In welcher Gestalt wirst du auf mich warten, wenn ich zur Friedensburg reise?
M: Du wirst seine Nähe spüren. Er wird ein Windhauch sein, der deine Wange streichelt und dann wirst du ihn erkennen.
H: Mit welchem Namen kleidest du dich, wenn ich dein Angesicht in der Friedensburg erblicke?
M: Mit keinem Namen.
H: Werde ich in der Friedensburg meditieren können?
M: Er nickt.
H: Welche Aufgabe habe ich in der Friedensburg?
M: Du weißt es schon.

H: Du sagst, das Schicksal Jesu wäre in der heutigen Zeit meinem ähnlich. Was erwartet mich in der kommenden Zeit?
M: Er antwortet nicht.
H: Welchen Sinn hatte die Kreuzigung Jesus?
M: Er antwortet nicht.
H: Zeigte sich Jesus nach seinem Ableben liebenden Menschen? Zeigte er sich seinen Jüngern, seiner Frau, seiner Mutter?
M: Er schüttelt den Kopf.
H: Welchen Sinn macht dann die Auferstehung von den Toten und welchen Zweck verfolgten diejenigen, die sie inszenierten?
M: Er antwortet nicht.
H: Was forderst du von mir heute?
M: Hilf deinem Gefäß.
H: Wird mein Gefäß sich helfen lassen?
M: Er nickt.
H: "Ich komme bald; halte fest, was du hast, auf daß niemand deine Krone nehme." (Offenbarung 3.11) Wie sollen wir diesen Satz von Jesus verstehen?
M: Er antwortet nicht.
H: "Lebe täglich zur Ehre deines Herren." Wie sollen wir diesen Satz verstehen?
M: Man soll täglich so leben, daß es ihm zur Ehre gereicht.
H: Müssen wir stille sein, damit du für uns streitest?
M: Er schüttelt den Kopf.
H: Muß ich dem Lügner sagen, daß er lügt. Muß ich dem Bösen sagen, daß er böse ist. Muß ich den Menschen die Wahrheit ins Gesicht schreien?
M: Du mußt es ihm sagen und ihm helfen den Weg zurück zu finden.
H: Durch die Farben des Regenbogens erfreust du unsere körperliche Ebene. Durch welche Farbe erfreust du die seelische Ebene?
M: Durch die blaue Farbe.

Ich beende die Sitzung und bedanke mich für die Weisheit Gottes, die ich für alle suchenden und liebenden Seelen niederschreiben darf.

Auch möchte ich mich einmal an dieser Stelle ganz herzlich bei meinem Gefäß Anna bedanken, ohne deren Hilfe als Brücke, die Kommunikation mit Gott aufrecht zu erhalten, dieses Buch nicht geschrieben worden wäre. Danke.

Die Heil- und Energiequelle!

Das Therapiezentrum, "Die Quelle", ist ein Ort der Kraft, wo man sich selbst und seine Energien wiederfinden kann.

Geistige Energie fließt zum Heil des Suchenden, gespendet vom Allerhöchsten, durch die Heilenden auf die Gläubigen. Dem Anwesenden wird über tiefe Entspannung die gespendete Heilkraft erlebbar, spürbar.

Mein Ziel ist es, durch regelmäßige Treffen, diesem Ort Kraft und Wachstum zu geben, eine Ruheoase für die rastlosen, von Hektik getriebenen, Menschen zu schaffen. Einen Ort, wo man die Ruhe, gespendet durch lebendige Heiler, spürbar bis in die Seele wahrnimmt, sich selbst und seinen Weg findet, Ängste durch Vertrauen in die Führung Gottes überwinden lernt und Heilung fließen läßt.

Jeder Heilsuchende, ob alt oder jung, arm oder reich, soll von der Quelle der Kraft durch die Heilenden die mentale Energie empfangen. Als Lohn für die Heilenden gebt nach eurem Grad der Erkenntnis, nach eurem Wertegefühl, jedoch nicht mehr als den Zehnten und bedenkt, was ihr sät, werdet ihr ernten. Als Dank für Gott, schenkt eure Liebe den anderen.

Die Methode der Energieübertragung basiert auf der fundamentalen Annahme, daß es eine universelle göttliche Lebensenergie gibt, die alle lebendigen Organismen versorgt. Im Zustand der Gesundheit (Harmonie von Körper, Geist und Seele) kann die Lebensenergie ungehindert den Körper durchfließen. Im Krankheitsfall ist dieser Energiefluß blockiert, gestört oder geschwächt. Durch die gespendete Energie der Heilenden, welche nicht aus ihnen selbst kommt, werden Schmerzen und Verspannungen aufgelöst, die Selbstheilungskräfte aktiviert und das Gleichgewicht von Körper und Seele wiederhergestellt.

"Ich sah in diesem Gesicht in der Nacht, und siehe, es kam einer mit den Wolken des Himmels wie ein Menschensohn und gelangte zu dem, der uralt war, und wurde vor ihn gebracht. Der gab ihm Macht, Ehre und Reich, daß ihm alle Völker und Leute

aus so vielen verschiedenen Sprachen dienen sollten. Seine Macht ist ewig und vergeht nicht, und sein Reich hat kein Ende."
(Dan 7.13 - 14)

22. Sitzung

H: Was muß ich tun, um meine Patienten zufrieden zu stellen?
M: Du mußt erforschen, wie sie sich deine Hilfestellung vorstellen und danach handeln.
H: Wann wird die Fühlende mir den Namen des Verlages nennen?
M: Schon bald.
H: Wie groß ist meine Kraft und was vermag sie?
M: Sie ist sehr groß und du wirst es spüren, wie weit sie dir helfen wird.
H: Warum wird Sexualität und Liebe so häufig getrennt gelebt - erlebt?
M: Weil das Leben dadurch einfacher ist. Die persönliche Angriffsfläche ist dann nicht so groß.
H: Was liegt dem Phänomen zugrunde, daß Männer der Liebe häufig gespalten gegenüberstehen?
M: Sie sind psychisch verletzlicher als Frauen und aus Angst vor dieser Verletzlichkeit bauen sie Mauern.
H: Warum soll der Koitus interruptus zur Schwangerschaftsverhütung nicht angewendet werden?
M: Er ist unsicher und unbefriedigend.
H: Ist Selbstbefriedigung Sünde?
M: Sie ist keine Sünde.
H: Müssen wir, um den Fruchtansatz am Apfelbaum zu fördern, seine Zweige schneiden, kürzen?
M: Er nickt.
H: Diese deine Aussage auf die Menschen übertragen sagt uns was?
M: Daß die Menschen ihre Kraft für wichtige Dinge brauchen.
H: Müssen wir durch Beschneidungen die Entwicklung des Fruchtansatzes im Menschen fördern und ermöglichen?
M: Jeder muß allein zu dieser Erkenntnis kommen.
H: Was heißt bei dir Lebensfreude?

M: Daß man glücklich ist und sich über das Leben freut.
H: Welche Zeichen sendest du den Menschen, die du liebst?
M: Kleine Augenblicke, in denen sie sich freuen und vollkommen glücklich sind.
H: Worin liegt der Sinn dieser kleinen Augenblicke?
M: Sie sollen den Menschen Kraft und Mut machen.
H: Was muß ich an oder in der Friedensburg tun, um viel von deiner Kraft zu bekommen?
M: Meditieren und sich ganz auf ihn konzentrieren.
H: Wann wird es sein, daß ich in der Friedensburg meditieren darf?
M: Bei deinem dritten Besuch.
H: Wieviel Kilometer von diesem Ort ist die Quelle entfernt?
M: Vier.
H: Warum verkündest du dein Wissen erst heute?
M: Du kennst die Antwort schon.
H: Warum erfand man die Wunderwerke von Jesus und wem sollten sie von Nutzen sein?
M: Sie sollten die Ungläubigen überzeugen.
H: Warum schritt die Technik so langsam fort?
M: Der Mensch braucht Zeit, neues zu verstehen und zu akzeptieren.
H: Kann jeder, der sich berufen fühlt, auch heilen und Energie weitergeben?
M: Er schüttelt den Kopf.
H: Was geschieht mit den Menschen, die Energie von sich auf andere fließen lassen möchten, ohne an deiner Kraftquelle angeschlossen zu sein?
M: Sie werden gemieden.
H: Sollten Ärzte und Heiler zusammenarbeiten, um am Wohle des Menschen tätig zu sein?
M: Er nickt.
H: Wievielen Seelen muß ich um der Wahrheit willen weh tun und ist diese Verletzung Sünde?
M: Es sind 7 Seelen und es ist keine Sünde.
H: Bekommen wir immer das, was wir benötigen und richtet sich dieses Geschehen oft gegen unseren Willen und Verstand?
M: Er antwortet nicht.
H: Entsteht die menschliche Angst durch die Entfernung von dir?

M: Er nickt.
H: Haben die Menschen, welche dir sehr nahe sind, keine Angst?
M: Er nickt.
H: Kann ich die Schwerkraft überwinden und wenn ja, was muß ich dafür tun?
M: Dafür ist die Zeit nicht reif.
H: Was willst du durch die zeitweilige Aufhebung der Naturgesetze den Menschen zeigen?
M: Daß es ihn gibt.
H: Deine Wahrheit ist für alle, aber sollen nur die Gläubigen sie erkennen?
M: Er schüttelt mit dem Kopf.
H: Welche Auswirkungen haben die Gezeiten auf das irdische Leben?
M: Keine.
H: Worin liegt der Sinn der Gezeiten?
M: Er antwortet nicht.
H: Welche Menschen sind mondsüchtig? Warum löst die Anziehungskraft des Mondes Ängste aus?
M: Manche Menschen sind sehr empfindlich und spüren den Mond, daß macht ihnen Angst.
H: Nach der Weihe als Wissender verbleibt mir noch wieviel Zeit, um für die Suchenden zu dienen?
M: Zwei Jahre.
H: Was wird anschließend sein?
M: Du weißt es schon.
H: Warum beschützt du mich nicht?
M: Weil deine Seele weiter wandern muß.
H: Wann werde ich die Erinnerung an mein früheres Dasein wiederfinden?
M: Wenn du ein Wissender bist.
H: Muß ich meine Schuld aus vergangener Zeit in der heutigen abtragen?
M: Er schüttelt den Kopf.
H: Spiegelt sich das Leben von Jesus in meinem Leben wieder?
M: Er antwortet nicht.
H: Wie sieht die Zukunft aus, wenn die Menschen gelernt haben?
M: Du weißt es schon.

H: Führt der Weg zu dir über Golgatha?
M: Er schüttelt den Kopf.
H: Wird sich, wenn der letzte Heilige von dieser Erde genommen, der Himmel verdunkeln und die Sonne verblassen?
M: Du weißt, was geschehen wird.
H: "Wisset ihr nicht, daß ich da sein muß, wo meines Vaters ist." Drückt sich in dieser Aussage die vollkommene Liebe zu dir, unserem geistigen Führer aus?
M: Er nickt.
H: Müssen wir das irdische Leben überwinden, um das ewige zu erhalten?
M: Er schüttelt den Kopf.
H: Sollen wir uns selbst für das Gute im Menschen opfern, in dem wir uns mit all unseren Gütern für das Gute einsetzen?
M: Er nickt.
H: Ist die Liebe, die hieraus entsteht, daß rechte Dankesopfer für Dich?
M: Er nickt.
H: Ist die Liebe das reinste Produkt der Menschen und für die Ewigkeit bestimmt?
M: Er nickt.
H: Ist die Liebe das reinste, beständigste, allzeit überdauernde, schönste, unauslöschbare Produkt eines guten edlen Menschen, der Gott fürchtet?
M: Er nickt.
H: Sind Liebende glücklich?
M: Er nickt.

Ich bedanke mich bei dem alten weisen Mann, bei Gott, und bei Anna und beende die Sitzung.

23. Sitzung

H: Gottvater, bist du bereit, auf meine Fragen durch Anna mir Antwort zu geben?
M: Er schüttelt den Kopf.
H: Wann wirst du erneut mit mir reden?
M: Erst wenn du bereit bist, alles zu geben, ohne Sorgen um deine Existenz. Er wird für dich sorgen.

H: Wie kann ich das Vertrauen zu dir stärken und was muß ich hierfür tun?
M: Du mußt lernen zu verzichten ohne nach dem später zu fragen.
H: Was heißt lernen zu verzichten?
M: Erst wenn du bereit bist alles zu geben, wird dir alles gegeben werden.

24. Sitzung

H: Anna, frage Gott, ob er heute bereit ist, durch dich mir Antwort auf meine Fragen zu geben.
M: Er schüttelt den Kopf.
H: Warum will Gott auf meine Fragen heute keine Antwort geben?
M: Du hast das Ziel noch nicht erreicht.
H: Welches Ziel meint Gott?
M: Das vollkommene Vertrauen in ihn.
H: Wann habe ich das Ziel erreicht?
M: Wenn die bereit bist alles loszulassen und dich seiner Führung wirklich anvertraust.
H: Was muß ich loslassen?
M: Alles.
H: Wann werde ich das gesetzte Ziel von dir erreicht haben?
M: Er antwortet nicht.

Matthäus 13,57
Ein Prophet ist nirgends so wenig geachtet wie in seiner Vaterstadt und in seinem Hause.

25. Sitzung

Johannes 15, 17-19
Das ist mein Auftrag für euch: Liebet einander! Wenn die Welt euch haßt, so wißt, sie hat mich vor euch gehaßt. Wärt ihr von der Welt, würde die Welt (das Böse) das Ihrige lieben; weil ihr aber nicht von der Welt seid, sondern ich euch auserwählt habe aus der Welt, darum haßt euch die Welt.

H: Was siehst du in seinen Augen?
M: Seine Augen sind voller Liebe.

H: Anna frage den alten Mann ob er dich und mich liebt.
M: Er nickt.
H: Darf ich heute Dir Fragen stellen und wirst du sie mir über Anna beantworten?
M: Du mußt erst noch eine letzte Prüfung bestehen, dann bist du auf dem richtigen Weg.
H: Welche Prüfung ist das?
M: Jemand braucht deine Hilfe und du sollst sie ihm geben.
H: Wann wirst du mir erneut auf meine Fragen über Anna antworten?
M: Wenn du die Prüfung bestanden hast.

Apostelgeschichte 2, 44
Alle, die zum Glauben finden, hielten zusammen und hatten alles gemeinsam.

26. Sitzung

H: Wie sehen die Augen des alten Mannes aus?
M: Sie sind ganz klar wie ein Bergsee und voller Liebe.
H: Frage Gott ob ich meine Prüfung bestanden habe?
M: Du hast den ersten Schritt getan.
H: Wird Gott heute auf meine Fragen antworten?
M: Nein, aber er möchte dir etwas sagen. Du sollst ihr die Hand auf Stirn legen und dich konzentrieren und seine Worte nicht nur hören sondern auch fühlen. Du hast dein Ziel bald erreicht aber noch ist dein Vertrauen nicht grenzenlos. Du hast noch immer Angst um deine eigene Existenz. Du brauchst dich nicht zu sorgen, er wird für dich sorgen. Er sagt, deine Aufgabe ist es einfachen Leuten zu helfen und er wird dir dafür helfen.
H: Wann wird das Buch "Weg ins Licht" fertiggestellt werden?
M: Es wird so sein, wie er es gesagt hat.
H: Was muß ich nun tun bzw. verbessern?
M: Gehe den Weg, den du beschritten hast ohne Rücksicht auf eigene Verluste. Du darfst dich nicht umsehen, sonst verlierst du den Weg aus den Augen.
H: Werde ich das Ziel erreichen?
M: Er nickt.
H: Welche Prüfungen muß ich noch bestehen?

M: Du wirst es schaffen.
H: Habe ich die neuen Praxisräume schon entdeckt?
M: Er nickt.
H: Wirst du alles für mich tun, damit ich das Ziel erreichen kann?
M: Er nickt.
H: Wann wirst du mir auf meine Fragen antworten?
M: Wenn du die Prüfung bestanden hast.
H: Sind die Räumlichkeiten der neuen Praxis vier Kilometer von hier entfernt?
M: Er nickt.
H: Ist ein Kilometer bei dir identisch mit unserem Kilometer?
M: Er nickt.
H: Verkürzt du die Zeit für die Auserwählten?
M: Er nickt.

Traum vom 10.12.1993, 2.30 Uhr

"Es ist 2 Sekunden vor 12"
Mit meinem Freund befuhr ich auf einem Güterzug Bahngleise, die in ein Werk führten. Am Anfang des Werkes setzte sich mein Freund vom fahrenden Zug ab. Der Zug fuhr mit mir zum Ende des Werkes, wo ich eine Radierung an einer Wand vornehmen mußte. Als Endprodukt dieser Arbeit zeigte sich mir und zwei weiteren Leuten eine Uhr, dessen drei Schattenzeiger aus 2 ineinander liegenden Oktaeder entsprangen und die Zeit "2 Sekunden von 12" auf der Werkswand sichtbar werden ließen.

Nach Zwölf heißt für die einen eine neue Nacht und für die anderen ein neuer Tag. Wir sollten uns beeilen, um letzteres erleben zu dürfen. Ich bedankte mich bei Gott für die Botschaft, welche er mir in dieser Nacht ins Bewußtsein schickte um euch in Liebe zu erinnern.

27. Sitzung

H: Anna, frage Gott, ob er heute auf meine Fragen antwortet?
M: Er sagt nein, aber er möchte dir eine Geschichte erzählen. Er sagt: Es gab einmal einen Mann, der hatte die Möglichkeit, zwischen zwei Lebenswegen zu wählen. Der

M: Er sagt nein, aber er möchte dir eine Geschichte erzählen. Er sagt: Es gab einmal einen Mann, der hatte die Möglichkeit, zwischen zwei Lebenswegen zu wählen. Der erste Weg war einfach, doch er führte zu keinem Ziel. Der andere Weg jedoch war steinig und voller Prüfungen, doch an seinem Ende wartete die Belohnung. Also wählte der Mann den zweiten Weg und vor einer Brücke, über die er gehen mußte, zögerte er. Er hatte eine Prüfung zu bestehen. Er hatte auch die ersten Schritte getan, doch da plötzlich geriet er ins Stocken und schaute zu dem ersten Weg. Dann überwand sich der Mann, er bestand die Prüfung und siehe da, die Brücke war sicher, er konnte hinübergehen und an sein Ziel gelangen. Die Geschichte ist für dich. Wenn du die Prüfung nicht bestehst, wird die Brücke zusammenbrechen und nur der erste Weg bleibt dir zum gehen. Bestehst du aber die Prüfung, so wird die Brücke sicher sein und hinter der Brücke wird die Belohnung warten.

H: Was ist das für eine Prüfung?

M: Du mußt die Brücke vor dem Zusammenbruch bewahren.

H: Was kann ich tun?

M: Du weißt es schon.

H: Welche Bedeutung hatte der Traum vom 18.01.1994 für mich?

M: Du hast einen Blick auf die Zukunft getan, wie sie aussehen würde, wenn du den ersten Weg wählst.

Im Traum mußte ich das kristallen blaue Meer von lilafarbenen Edelsteinen befreien, die auf einer unterseeischen Insel wuchsen. Um dem Meer seine Reinheit und Offenheit wiederzugeben, mußte es von allem Unrat erst befreit werden.

Und die Stimme aus dem Licht sprach: **Ich bin das Alpha und das Omega**, der Anfang und das Ende, was ist, was war und was kommen wird. **Wisse, ich bin Gott**. Ich sprach zu dir bei deiner ersten Liebe. Ich spreche zu dir durch den Abendfrieden. Durch das Leuchten der Sonne. Durch den Sturm und die Wolken. Durch Donner und Blitz. Ich werde zu dir sprechen wenn du allein bist. Durch die Weisheit der Alten. Am Ende der Zeit und wenn du meine Engel gesehen hast. Ich werde zu dir sprechen in Ewigkeit. **Sei still; wisse, ich bin Gott**.

28. Sitzung

Medium Anna befindet sich in Trance und stellt die Verbindung zum Allwissenden her, der auf einer alten hölzernen Kirchenbank einer hölzernen alten Kapelle wartet, um sich uns zu offenbaren.

H: Anna, nähere dich nun dem alten Mann auf der hölzernen Kirchenbank und begrüße ihn herzlich. Schaue ihm in die Augen und sage mir, was sie ausstrahlen und welche Farbe sie haben.

M: Sie sind hellblau und strahlen Liebe aus.

H: Anna, frage den alten Mann, ob er mir heute auf meine Fragen antwortet?

M: Er wird keine Fragen beantworten, aber er will dir etwas sagen. Er sagt, du kennst die Zeremonie schon. (Halte deine Hand über die Stirn des Mediums. Konzentriere dich auf deine Handfläche. Spüre die Energie die fließt.) Er sagt: Du hast den Weg beschritten. Er sagt: Du bist noch ein wenig zögerlich und du sollst die Belohnung er halten, die er dir versprochen hat. Er sagt: In der siebenten Nacht sollst du meditieren. Du sollst dich konzentrieren auf deine Mitte und ich werde dir erscheinen. Er sagt: Du wirst nicht mit ihm reden können, aber er mit dir. Bis zu der siebenten Nacht sollst du deine Gedanken jeden Tag zu ihm senden. Er sagt: Du sollst dich darauf konzentrieren. Du sollst die Verbindung zu ihm halten, und dann wirst du es spüren, daß der Weg, den du gehst, der richtige ist und dein Schritt wird forscher sein und nicht mehr so zögerlich. Er sagt: **Sei bereit.**

Bibliographie

Die Bibel, altes und neues Testament, Pattloch Verlag, Augsburg, 1989

Die Macht Ihrer Gedanken, Erhard F. Freitag, Goldmann Verlag, München, 1986

Jesus und die Urchristen, Die Qumran-Rollen entschlüsselt, Robert Eisenmann & Michael Wise, C. Bertelsmann Verlag, München, 1992

Wort des Heils, Wort der Heilung, Band 1, Von der befreienden Kraft des Glaubens, Eugen Drevermann, Herausgeber Mernd Marz, Verlag R. Piper, München, 1993

Verschlußsache Jesus, Die Qumran-Rollen und die Wahrheit über das frühe Christentum, Michael Baigent & Richard Leigh, Droemer Knaur Verlag, München, 1991

Weisheiten des fernen Ostens, Dorothee Fetzer, Gondrom Verlag, Bindlach, 1990

Das Evangelium der Essener, Dr. E. Bordeaux Szekely, Verlag Bruno Martin, Südergellersen, 1988

Interessenten wenden sich an folgende Adresse:

Praxis für Naturheilmedizin
Bernd Sommer
Kemenader Str. 337
44797 Bochum
0234 799 025

EWERTVERLAG GmbH
...der mit den offenen Büchern...
Beethovenstr. 18 - D 26899 Rhede (Ems)
Distelring 27 - D 49740 Haselünne — Mühlentannen 14 - D 49762 Lathen (Ems)
Fon 04964-1363 + 05961-6511 - Fax 04964-1831 Funk 0172 533 2200

Buch-Programm '95

Autor	Best.-Nr.	Titel (HC = Hardcover)	DM
		Dokumentation - Neues Wissen	
K.-D. Ewert	8-000-2	Die physikalischen Zwangsläufigkeiten des Kosmos (HC)	29.80
	8-063-0	Die physikalischen Zwangsläufigkeiten des Kosmos	19.80
(Herbst '95)	8-119-x	Die Energiemaschine - Energie zum Nulltarif	39.80
Frank de Martin	8-001-0	Die Seele des Kosmos - Das Ende der org. Dummheit (HC)	39.80
C. von Esterfeld	8-002-9	Geheimnis des Kosmos - Das wahre Bild der Welt (HC)	29.80
Günter Guzano	8-070-3	Das Universum - Entstehung - Teil 1	39.80
	8-079-7	Das Universum - Entstehung - Teil 2	39.80
Roger Verdade	8-003-7	Das Mädchen mit dem Mondpendel -Dokumentation (HC)	29.80
	8-008-8	Des Teufels Planet - Der Schrei des vergossenen Blutes	29.80
Jan van Helsing	8-069-x	Geheimgesellschaften und ihre Macht im 20. Jahrh. (HC)	44.80
(Herbst '95) (HC)	8-492-x	Geheimgesellschaften - Band 2 - Interview m. van Helsing	44.80
(HC)	8-654-x	Secret Societies and Their Power in the 20th Century	44.80
	8-816-x	Les Societés Secrètes et leur Pouvoir au 20eme Siecle (HC)	44.80
(Ende '95)	8-573-x	Der Dritte Weltkrieg (HC)	44.80
Georg Segal	8-055-x	Die geheime Regierung - Außerirdische sind gelandet	19.80
Falke	8-065-7	Die unsichtbaren Waffen der Macht (HC)	39.80
Gary Allen	67-00-3	Die Insider I - Baumeister der "Neuen Welt-Ordnung"	24.80
	67-03-8	Die Insider II - Baumeister der "Neuen Welt-Ordnung" -	29.80
Des Griffin	64-01-9	Wer regiert die Welt	29.80
Peter Blackwood	64-04-3	Der namenlose Krieg	39.80
Franke-Gricksch	64-05-1	Das ABC der Insider	44.80
	64-00-0	So wurde Hitler finanziert	39.80
Dr. R. Y. Kendel	8-094-0	Das wichtigste Geheimnis der Menschheit - DWGM (HC)	39.80
	8-095-9	Antaris - auf dem Weg in eine andere Welt	29.80
Franz Bardon	38-21-2	Der Schlüssel zur wahren Quabbalah (HC)	42.00
	38-22-0	Frabato	24.80
Dr. L. Bardon	38-18-2	Erinnerungen an Franz Bardon	16.80
Dr. Georg Lomer	38-20-4	Lehrbriefe zur geistigen Selbstschulung	24.80
Maiski	38-17-4	Wer half Hitler	29.80
D. Rüggeberg	38-10-7	Theosophie und Anthrosophie im Licht der Hermetik	16.80
	38-12-3	Christentum und Atheismus - Okkultismus und Magie -	19.80
	38-15-8	Geheimpolitik I - Der Fahrplan zur Weltherrschaft	29.80
	38-16-6	Geheimpolitik II - Logen-Politik	29.80
Hans Ruesch	1-027-1	Die Pharma-Story - Der GROSSE Schwindel	28.00
Joachim-F. Grätz	1-024-3-	Sind Impfungen sinnvoll? Ein Ratgeber aus der Praxis	14.80
Simone Delarue	1-110-3	Impfschutz - Irrtum oder Lüge?	32.00
F. und S. Delarue	1-085-9	Impfungen - der unglaubliche Irrtum	24.00
Harris L. Coulter	1-109-x	Impfungen - der Großangriff auf Gehirn und Seele	32.00
Muna S. Ananda	8-062-2	Ludus Christi - Die Demaskierung der Christlichen Lüge	29.80
James Creedens	8-053-3	Das Geheimnis des roten Planeten - Die Marsrätsel	29.80
Ruth Minshull	67-50-x	Emotionen - Höhen - Tiefen - Gesetzmäßigkeiten	29.80
P. B. Nichols	9-269-3	Das Montauk Projekt - Experimente mit der Zeit	30.00
Nin-Sikilla	8-015-0	Sphinx und Cherub	39.80
	8-052-5	Das veruntreute Erbe	39.80

Dokumentation - Neues Wissen

René Egli	8-092-4	Das LOL²A-Prinzip (HC)	39.80
Volker Kranz	8-093-2	Erfolg-Reich-Sein (HC)	29.80
Rho Sigma	67-90-9	Forschung in Fesseln - Edition Freie Energie	36.00
	8-099-1	DENVER Report - Aktuelles "Freie Energie" (englisch)	98.00
	67-93-3	TESLAs verschollene Erfindungen - Geniale Techniken	24.80
	67-60-7	Nikola Tesla - Das Genie unserer Zukunft - Freie Energie	29.80
G. Bourbaki	8-114-9	Der Sündenfall der Physik - Großformat	49.80
(Herbst '95)	8-115-7	Die Hin-Krieger	39.80
Franz Ferzak	465-0-2	Nikola Tesla	24.80
	465-3-7	Wilhelm Reich - Ein außerirdischer Österr. - ermordet	24.80
	465-1-0	Karl Freiherr von Reichenbach	17.80
	465-2-9	Der Engel des Verwunderlichen	24.80
	465-4-5	Humdidldums Abenteua	16.80
Kurt Pagels	8-007-x	Es geht nur ohne Einstein	29.80
	8-011-8	Kant gegen Einstein	19.80
	8-016-9	Kant gegen Marx-Engels-Lenin	29.80
	8-051-7	Paradoxe Realität	29.80
C. A. Ammann	8-111-4	Die erhabene Leichtigkeit des Seins (Herbst '95)	39.80
Herbst '95	8-112-2	La Sublime Leggerezza Dell'Essere	39.80
Eugen F. Müller	8-019-3	Danach - Leben in Ursache und Wirkung	19.80
Sarah Velden	8-096-7	Die Mühle der Barmherzigkeit	19.80
Martin Schöttle	8-004-5	Leben, Lieben, Lernen	29.80
K. Braunmüller	8-113-0	Stop, es reicht - Ethik und Menschenrechte (Herbst '95)	29.80
Bob Frissell	8-260-x	Zurück in unsre Zukunft... Vorwärts in die Vergangenheit	30.00
Klaus Lutz	8-022-3	Wenn Makler betrügen... und Banken mitmachen	19.80
Amrit Madarva	8-044-4	Mit Glocken und Kanonen	19.80
Hans Bertling	8-021-5	Liebe, Glück und Harmonie	29.80
	8-048-7	Buch des Lebens - Zwischen Leben und Tod	19.80
E. Schillert	8-037-1	Nähe ist kein Traum	19.80
Peter Lechner	8-023-1	Gegen den Strom	19.80
	8-075-4	Tod eines Feinschmeckers	29.80
Anton Meyer	8-110-6	Die Weissagungen des hl. Malachias - (Herbst '95)(HC)	19.80
Heinz Kraft	8-030-4	Ein unfertiges Mosaik	19.80
G. G. Horvath	8-009-6	Shannondoa - Licht der Sterne	29.80
	8-026-6	Shannondoa - Auf zu den Jahren im All	19.80
	8-033-9	Falle BermudaDreieck	19.80
	8-034-7	Der Schrei des Escador	19.80
	8-054-1	Der Gralskreis	29.80
(Herbst '95)	8-109-2	Die Genjäger...	39.80
F.-H. Warstat	8-025-8	...sie waren doch Geschwister...	19.80
Siegm. Künzel	8-036-3	Wie Du mir...	19.80
Georg Richert	8-045-2	Die Fälle des Kommissar Müller	24.80
	8-064-9	Die ewigen Gesetze des Friedens	12.80
	8-097-5	Die neue Zeit des Friedens	29.80
	8-107-6	Die neue Welt des Friedens - Am Tor zum 21. Jahrhundert	24.80
Ludwig Conrad	8-057-6	Tischtennis - So werde ich Meister	19.80
Pierre Sens	8-006-1	Theorie der dynamischen Realität (Herbst '95)	29.80
(Herbst '95)	8-014-2	Zukunftsperspektive Raumfahrt	19.80
(Herbst '95)	8-018-5	Mördergrube meines Herzens	19.80
(Herbst '95)	8-029-0	Multimedia, ISDN und satellitengest. Fernunterricht	19.80
Christien L'ebèl	8-005-3	Verlorene Diamanten	19.80

Roman - Biographie

Dr. S. Tischer	8-043-6	Höhen und Tiefen eines bewegten Lebens	19.80
M. Heuser	8-091-6	Entmündigt - Das Leben der Maria H.	19.80
Götz Lang	8-031-2	Wenn Frauen wüßten...was Männer ab 50 fühlen	19.80
	8-038-x	Liebesbriefe verliebter Männer	19.80
	8-049-5	Die gläserne Ehe - Zukunftsvision	19.80
Beate Maile	8-010-x	Der Weg	19.80
	8-077-0	Wandel im Zeichen der Schlucht	29.80
M. Nederkorn	8-046-0	Die Zeit der Wüste	19.80
G. Chr. Nebgen	8-047-9	Terra Marique Teil 1 - Frieden	29.80
	8-080-0	Terra Marique Teil 2 - Hinein in den Krieg	29.80
	8-081-9	Terra Marique Teil 3 - Lehrreiches Ende	29.80
Elke Strobach	8-058-4	Ein schreckliches Mädchen	29.80
Willi Schleip	8-071-1	Die Zeit mit Lidotschka	24.80
	8-100-9	Gegen den Backofen atmen	24.80
Wolfgang Zöller	8-067-3	Die Firma... Wer nichts wagt gewinnt! - Satire	29.80
Charl. Förster	8-068-1	Die Kaiserschiffe	29.80
O. K.G. Geldszus	8-024-x	Das Tagebuch des Thomas R. - DDR zur Wendezeit	29.80
Jörg Bausen	8-078-9	Die Mördersekte - Spannender Krimi	19.80
Karl Heilmann	8-087-8	Familie Fürchtegott und der Dackel Cleverle	29.80

Gesundheit

I. v. Wedemeyer	8-061-4	Zurück zur Natur - Gesünder leben - aber wie?	29.80
NeumayerHalbig	12-05-x	Ich lebe noch - So besiegten wir den Krebs	29.80

Reise

Käthi Rodenbeck	8-012-6	Eine ungewöhnliche Crew	19.80
(Herbst '95)	8-108-4	Zu Gast in Rußland	19.80
Rodenbeck/Lodh	8-042-8	Indienreise	19.80

Roulette

Roger Verdade	8-027-4	Dauergewinne auf wissenschaftlicher Basis	98.00
	8-059-2	Dauergewinne auf wissenschaftlicher Basis - Teil II	98.00
	8-028-2	Supergewinne auf wissenschaftlicher Basis	98.00

Kinderbuch

Dieter Ahlswede	8-039-8	Violas Traumgeschichten	9.80
Wenke Mayer	8-072-x	5 Geschichten	9.80

Esoterik

Ananda	8-066-5	Feiere Dein Leben	19.80
R. Danielczyk	8-076-2	Das Wirken Gottes	29.80
Jürgen Schwarz	8-060-6	Der Tod hat kein Recht	19.80
Heiko Skerra	8-017-7	Alchemie - Das Geheimnis der Goldherstellung	29.80
Viktor Bättig	8-013-4	Kein Mensch ist tot, wenn er stirbt	29.80
Markus Luscha	8-083-5	Gott und wir	39.80
Matth. Bormann	8-084-3	Tarot des Matto - inkl. TAROT-Karten	39.80
B.-D. Neht	8-098-3	An den Grenzen des Geistes - Geistheilung - (HC)	44.80
Adele Holzer	8-085-1	Das Geheimnis des Planeten Phaethon	29.80
B. Sommer	8-088-6	Der Weg ins Licht - Hypnoseerfahrungen	29.80
Dr. P. J. Saher	8-089-4	Der Avatara - Hilfe aus dem Unfaßbaren (HC)	44.80
(Herbst 1995)	8-090-8	Unio Mystica Theomagica	44.80